국역 송파유집

국역 송파유집
간행위원회

오늘의
문학사

국역 송파유집

1판 1쇄 2019년 3월 29일

지은이 : 송파 손상각
번　역 : 장윤희 외
감　수 : 손범진
엮은이 : 국역 송파유집 간행위원회(대표 손진담)
(손진호 손진옥 손진석 손진규 손아정)
대표 연락처 : 010-8410-8454
이메일 : jindamson@hanmail.net
주　소 : 34076 대전광역시 유성구 지족로 362, 309동 1402호(반석마을아파트)

발행인 : 리헌석
발행처 : 오늘의문학사
출판등록 : 제55호(1993년 6월 23일)
주　소 : 34623 대전광역시 동구 대전로867번길 52, 한밭오피스텔 401호
전　화 : 042-624-2980
팩　스 : 042-628-2983
이메일 : hs2980@hanmail.net
공급처 : 한국출판협동조합 070-7119-1752

ISBN 978-89-5669-994-3

값 30,000원

◇ 이 책은 교보문고에서 eBook(전자책)으로 제작, 판매합니다.
◇ 잘못 제작된 책은 바꾸어 드립니다.

이 도서의 국립중앙도서관 출판예정도서목록(CIP)은
서지정보유통지원시스템 홈페이지(http://seoji.nl.go.kr)와
국가자료종합목록시스템(http://www.nl.go.kr/kolisnet)에서 이용하실 수 있습니다.
(CIP제어번호 : CIP2019010893)

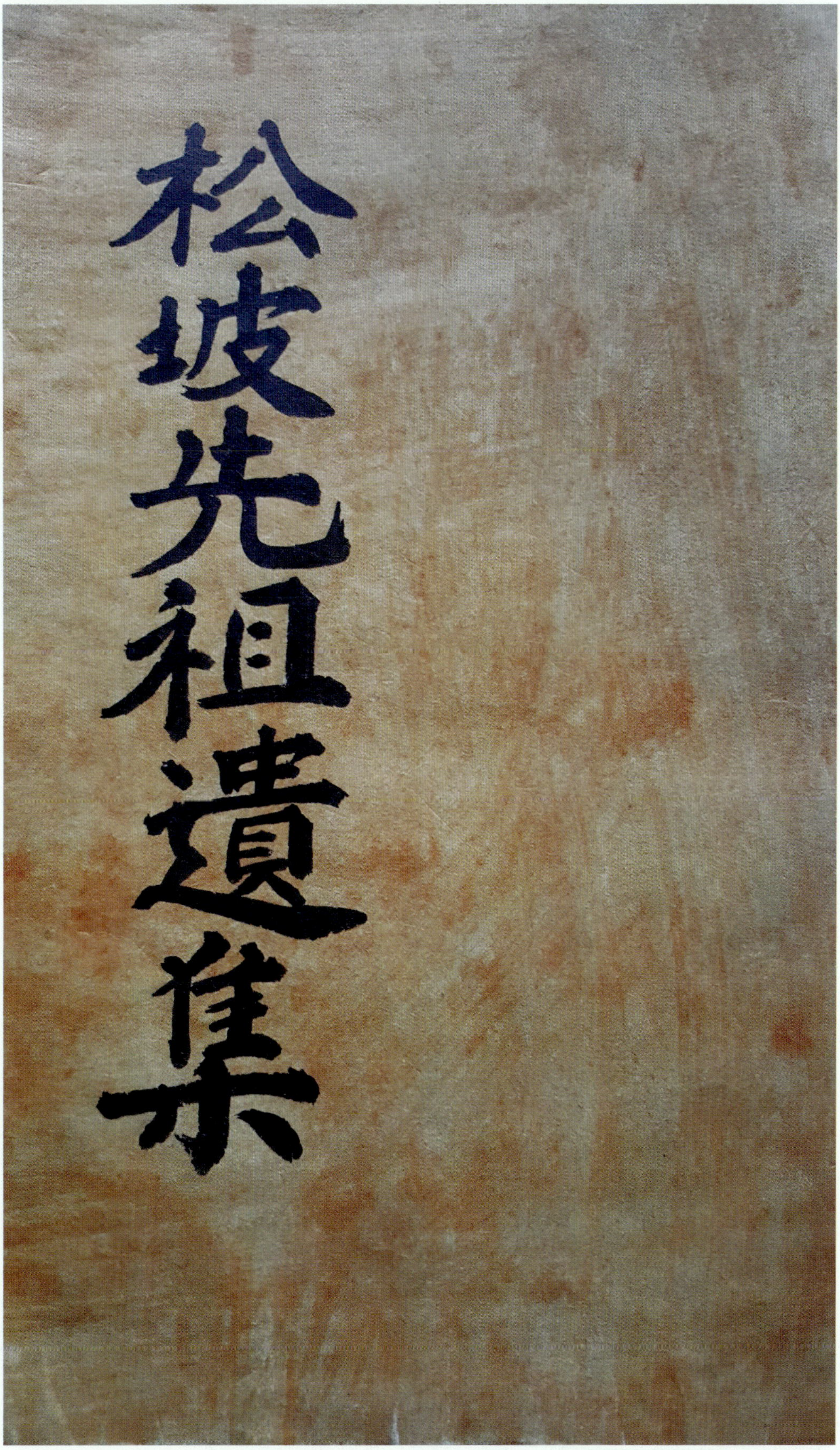

제자. 속표지 송파선조유집 재전 손수은

생원공 휘흔배 의인 진주 하씨 합봉지묘
소재지 : 청송군 현서면 모계리 산78번지

문 천 재
성균생원 휘흔 묘 수호재사
소재지 : 청송군 현서면 모계리

좌) 장사랑 휘 세돈 배 공인 풍덕 류씨 합봉지묘

소재지: 청송군 현서면 모계리 산 78번지

우) 증 의빈부도사 남계공 휘 응현의 묘

소재지: 청송군 현서면 도리 산 63번지

청송 문천재 묘제시 (2018년 음력 10월 15일), 남계공 산소에서 참가 후손들

영천 고경 하리 남계공 배위 숙부인 묘비(좌)와 세덕지비 건립 당시 (1984년)

영천 고경 하리 월성(경주)손씨 세덕지비(좌),
남계공 배위 숙부인 산소와 후손 제단 전경(2006년 촬영)

영천 고경 용전리 산 50번지(양지갓) 남계원 조성 당시 (2019년 2월)

추곡파 입향조(휘여성)산소(영천시 고경면 용전리 산 50번지
경주손씨 추곡파탄생 300주년(1699-1999)기념묘제시 참가 후손들

경주손씨 추곡파조(휘 덕우)탄생(1699-1999) 300주년기념묘제행사시
산소위치 : 용전리 높은재 임좌(2014년 이장됨)

송파공(휘 상각)산소(용전리 종상곡 외로등 간좌)
경주손씨 농와공(휘 성휘)탄생 200주년(1799-1999)기념묘제행사시

간행사

송파유집은 경주손씨 송파공 휘 상각(1828-1900.7.15음)의 유작으로서 그의 손자인 재전공 휘 수은(1912-1993.8.4음)이 여러 해 동안 자료를 수집하고 자필로 편집하여 병오년(1967년) 정월에 한권의 책(송파선조유집)을 완성하고 널리 배포한 바 있습니다. 그 후 송파공의 증손이자 재전공의 조카인 휘 세진(1928-2005.12.21음)과 휘 진태(1936-1996.12.3.음) 종반이 마음과 힘을 합쳐 한글번역을 시도하였으나 번역본 완성을 보지 못한 체 그만 타계하셨습니다.

이에 불초 본인(재전공 4남 진담)이 미완성번역본을 이어받아 오랫동안 한학 및 번역전문가들(장윤희 석사 등)의 도움을 받아 교정과 편집을 수차례 수행하였습니다. 또한 디지털시대를 맞이하여 1994년부터 딸 아정의 도움을 받아 한글 워드판을 제작하였으나 여러 가지 부족한 점이 많아서 차일피일 미루어 오다가 2019년에 이르러서야 발간을 서두르게 되었습니다. 그간 완성된 디지털파일 원고는 우선 다음카페(cafe.daum.net) "문천재 사랑"의 소모임인 송파공파의 게시판에 싣게 되어 다행으로 생각합니다.

이 책이 나오기까지 많은 격려와 편의를 제공해주신 분들께 감사를 드립니다. 번역원고의 감수를 기꺼이 맡아주신 경주손씨 생원공파 종중 손범진 대표를 위시하여 제작에 기여하신 추곡파 송파공종회 임원들과 오늘의문학사 리헌석 회장에게 심심한 사의를 표합니다.

송파유집(국역)의 내용은 송파공의 문학성과 19세기 후반의 시대상과 친인척 관계 등을 잘 알 수 있으며 우리 추곡 손가들의 끈끈한 정을 많이 느낄 수 있습니다. 모쪼록 번역본이 발간됨에 따라 한문판을 읽기 어려운 분들에게 송파공의 정신세계가 잘 전달되어 자랑스러운 선조를 추모하고, 집안 간의 우애가 보다 돈독해지길 바랍니다. 번역 상 오류나 교정의 미흡함이 나타날 경우 증보판에서 고쳐나갈 계획이오니, 지도 편달해 주시기를 바랍니다. 문집 간행을 추진하며, 거듭 감사드립니다.

2019. 3.

국역 송파유집 간행위원회 대표 손 진 담

목차

간행사 … 9

송파유집(松坡遺集) 서(序)

서 1. 이기철(李起轍) … 16
서 2. 손진수(孫晉琇) … 17

송파유집(松坡遺集) 제 일부

제1절 시(詩)

1. 송정(松亭)의 네 가지 경치 … 19
   1) 대유(大楡)의 찬 샘물
   2) 덕암(德巖)에 가랑비
   3) 아랫마을 큰 괴화나무
   4) 외동(外洞)의 구름에 잠겨 있는 산
2. 고천서원의 승호(陞號) 운(韻)을 차운(次韻)하다 … 20
3. 늦은 봄 … 20
4. 노전(蘆田) 유정(柳亭)에서 청도 김씨 벗을 만나다 … 20
5. 마조령(麻助嶺) … 21
6. 일찍이 천미(泉味)에서 출발하다 … 21
7. 내일 호촌(虎村)에 이르다 … 21
8. 은구보(隱口洑) 행정점(杏亭店)에서 … 21

9. 대곡에서 김우(金友)의 사위를 방문하다 … 21
10. 흥해(興海) 오도(烏島)를 지나면서 … 22
11. 영귀정(詠歸亭)에 올라가서 … 22
12. 포은선생(圃隱先生) 명원루(明遠樓) 운을 삼가 차운하다 … 23
13. 송정(松亭)에 … 23
14. 동도(東都) 양무당(養武堂) 노송운(老松) 운(韻)을 차운하 … 23
15. 청전 이후(李候) 학래(鶴來)의 면례(緬禮)를 차운하다 … 24
16. 손님이 나를 찾아와서 수연(數聯) 시(詩)를 내어주다 … 24
17. 부암(釜巖)의 네 가지 경치 … 25
1) 부암(釜巖)에 돌아가는 구름
2) 고봉(庫峯)이 세상을 건지다
3) 정곡(鼎谷)의 찻불
4) 은암(隱巖)의 반달
18. 한가한 중에 즉시 읊음 … 27
19. 화산(華山)에 올라가서 … 27
20. 이은정(里隱亭) 운을 차운하다 … 27
21. 설날 아침 … 28
22. 경독와(耕犢窩)의 운을 화답하다 … 28
23. 토곡(吐谷) 간천제(看泉齋) 운을 화답하 … 29
24. 섣달 눈 … 29
25. 섣달 그믐밤 … 29
26. 서재(書齋)에서 밤에 읊다 … 30
27. 눈을 읊다 … 30
28. 김준상(金俊祥)에게 만사(挽詞) … 30
29. 손님과 더불어 술집을 묻다 … 30
30. 박인호(朴仁鎬)에게 만사(挽詞) … 31
31. 조한국(曺漢國)에게 만사(挽詞) … 31
32. 성춘약(成春若) 재칠(在七)에게 만사(挽詞) … 31
33. 박치엽(朴致曄)에게 만사(挽詞) … 32

제2절 서(書)

1. 청전(靑田) 이(李) 후(侯)께(I) … 32
2. 청전(靑田) 이(李) 후(侯)께(II) … 33
3. 권철운(權哲運)에게 답서 … 34
4. 김용채(金龍采)에게 답서 … 34
5. 김명언(金明彦)에게 답서 … 35
6. 조사길(趙師吉)에게 답서 … 35
7. 이원철(李元喆)에게 답서 … 36

제3절 잡저(雜著)

1. 전예설(戰藝說) … 36
2. 희롱의 말(戲說) … 39

제4절 서(序)

1. 동경(東京)에 벗을 보내면서 서문 … 40
2. 오회계서(五會契序) … 41

제5절 기(記)

1. 농와기(聾窩記) … 42
2. 농고당기(聾瞽堂記) … 43

제6절 통문(通文)

1. 대추서당 창설할 때 사림에게 통문 … 44
2. 대추서당 중수할 때 사림에 통문 … 45

3. 송정서당 창설 시에 사림에 통문 … 46

제7절 축문(祝文)

1. 고총(古塚) 동역(同域)의 고유문(告由文) … 46
2. 대추동(大追洞) 제문 … 46
3. 운산동(雲山洞) 제문 … 47
4. 민도동(敏道洞) 시설(始設)하는 축문 … 47
5. 가택 개기(開基) 축문 … 47

제8절 제문(祭文)

1. 김공 준상(駿祥)에게 제문 … 48
2. 족형 종우(鍾遇)에게 제문 … 48
3. 재종형 상우(相禹)에게 제문 … 49
4. 외구(外舅) 김공 제상(悌相)에게 제문 … 50
5. 이문옥(李文玉) 한표(翰杓)에게 제문 … 50
6. 김공 재규(在圭)에게 제문 … 51
7. 이공 응하(應河)에게 제문 … 51
8. 고모부 이공 유인(裕仁)에게 제문 … 52
9. 장인 정공 치운(致運)에게 제문 … 52
10. 종부부군 성호(星昊)에게 제문 … 53
11. 장모 김씨에게 제문 … 53
12. 김범채(金範采)에게 제문 … 54
13. 성희여(成熙如) 호운(皞運)에게 제문 … 55
14. 정서방 내희(來禧)에게 제문 … 55
15. 이좌랑 덕현(德玄)에게 제문 … 56
16. 한척장 보상(輔相)에게 제문 … 57
17. 자형 조공 계두(啓斗)에게 제문 … 57
18. 죽은 딸 김실(金室)에게 제문 … 58

송파유집(松坡遺集) 제 이부 부록(附錄)

제1절 만사(挽詞)

1. 김녕(金寧) 김승락(金升洛) … 59
2. 문소(聞韶) 김만희(金萬熙) … 59
3. 문생(門生) 성산(星山) 이혁표(李赫杓 … 59
4. 문소(聞韶) 김헌주(金獻周) … 60
5. 전주(全州) 이기호(李起鎬) … 60

제2절 제문(祭文)

1. 문생(門生) 월성(月城) 이규백(李圭白) … 61
2. 생질(甥姪) 오천(烏川) 정치철(鄭致轍) … 62
3. 월성(月城) 김태규(金台奎) … 63
4. 문생(門生) 중표질(重表姪) 성산(星山) 이영표(李榮杓) … 63
5. 문생(門生)월성(月城) 이규만(李圭萬) … 64
6. 문생(門生) 중표질(重表姪) 성산(星山) 이우표(李禹杓) … 65
7. 문소(聞韶) 김양희(金亮熙) … 66
8. 문소(聞韶) 김진호(金鎭浩) … 66
9. 문소(聞韶) 김재연(金在淵) … 67
10. 창녕(昌寧) 조병두(曺秉斗) … 68
11. 문생(門生) 성산(星山) 이혁표(李赫杓) … 69
12. 오천(烏川) 정진용(鄭鎭鎔) … 69
13. 아주(鵝洲) 신도식(申道植) … 70
14. 내질(內姪) 오천(烏川) 정치식(鄭致軾) … 71
15. 경주(慶州) 김성상(金成祥) … 72
16. 외생(外甥) 김녕(金寧) 김중락(金仲洛) … 72
17. 계림 김문희(金文熙) … 73

18. 생질(甥姪) 창녕(昌寧) 조유복(曺裕復) … 74
19. 경주(慶州) 김우상(金遇祥) … 75
20. 문생(門生) 종제(從弟) 상섭(相燮) … 76
21. 문생(門生) 종질(從姪) 영복(永復) … 76
22. 삼종질(三從姪) 영위(永渭) … 78

제3절 행장(行狀) … 80

제4절 묘갈명(墓碣銘) 병서(並叙) … 82

제5절 묘지명(墓誌銘) … 84

송파유집(松坡遺集) 말(末)

1. 유사(遺事) – 손수락(孫秀洛) … 86
2. 후지(後識) – 이용기(李瑢基) … 88
3. 발Ⅰ(跋) – 손수은(孫秀殷) … 89
4. 발Ⅱ(跋) – 손진찬(孫晉讚) … 90

송파유집(松坡遺集) 제 삼부 부록(附錄)

제1절 송파유집 한자원본 … 160

제2절 족보(경주손씨 생원공파 일부) … 122

송파 유집 서(松坡遺集序)-I

이 책은 고 송파 처사 손공께서 생전에 남기신 글을 기록한 것이다. 공은 남계선생의 충의(忠義)하신 세대에 태어나서 청수(淸修)하고 ①간고(簡古)하신 자질을 갖고 ②근신(謹愼)하고 ③염퇴(廉退)하신 뜻을 겸하셨다. 어려서는 가정에서 수학하시고 성동(成童)이 되어서는 재주가 있어 문장에 빨리 통달하시니 동렬(同列)에 비해 앞서 간다는 칭찬이 자주 있었다. 일찍이 부모의 영화를 생각하여 과거공부에 힘써 여러 번 향시(鄕試)에 합격하였으나 정시에는 합격하지 못했다. 또한 제도적 공행을 보고 이에 실망한 나머지 옛 사람들의 ④위기(爲己)하는 학문에 머리를 돌리고 명리를 구하지 아니하였다. 위로는 선조의 유적을 받들어 잇고 아래로는 종족을 화목하게 하고 후생을 교훈하고자 마을에서 뜻을 같이하는 이들과 더불어 대추서당(大追書堂)을 창건하였다. ⑤경적(經籍)을 사서 쌓아두고 교재로 삼고 와서 배우고 글 쓸 도구를 갖추어 날마다 그곳에 거처하며 ⑥교회(敎誨)를 게을리 하지 아니하니 가까운 곳은 물론 먼 곳에서 조차 책을 끼고 와서 배우는 사람이 날로 문에 가득하니 한마을이 ⑦응연(凝然)하게 서당의 남겨준 교화가 있었다. 공은 매번 좋은 때나 명절 때가 되면 뜻 맞는 사우(士友)들과 더불어 경치 좋은 곳을 찾아가 거닐면서 문득 그의 슬프고 울적한 회포를 쓰셨고 친척이나 친구의 상사가 있으면 ⑧만사(挽詞)를 지어 슬픈 뜻을 표하고 제문을 지어 그의 행적을 서술하는 등 자기 일에만 힘을 쓸 뿐 화려한 일은 하지 않으셨다. 간혹 저술한 것이 있어도 원고를 모아 두진 않으셨다. 이로써 이제 와서 그의 ⑨초손(肖孫) 수락(秀洛)과 수은(秀殷)이 부지런히 거두어서 책 상자에 모은 것이 약간의 책에 불과할 뿐이니 비록 심히 적지만 한 조각 비단이 일곱 벌의 옷에 깃을 달아 아름답게 만들 수 있다는 것을 알아 훗날 사람들로 하여금 책을 보게 한다면 공의 전부를 알수있을 것이다. 공의 후손들과 문인들의 후예가 인쇄하여 후세에 남기길 도모하면서 수은(秀殷)군이 대동전사(大東田舍)에 나를 찾아와서 교정과 서문을 요청하기에 사양하였으나 굳이 청하기에 끝까지 마다하지 못하고 입을 다물지 못하여 이에 용렬되게 거친 말을 써서 이와 같이 이르노라.

신유 사월 상원에 전주 이기철(李起轍) 서(序)

『註』

1. 간고(簡古) : 간결하고 예스러움
2. 근신(謹愼) : 언행을 삼가고 조심함
3. 염퇴(廉退) : 명예나 이익을 좇지 않고 벼슬을 내놓고 물러남
4. 위기(爲己) : 자신을 위해 배우는 학문

5.경적(經籍) : 문서, 책
6.교회(敎誨) : 가르치고 타일러 지난날의 잘못을 깨우치게 함
7.응연(凝然) : 태도나 행동거지가 단정하고 듬직함
8.만사(挽詞) : 죽은 사람을 애도하여 지은 글을 천이나 종이에 적어 깃발처럼 만든 것
9.초손(肖孫) : 손자

서(序)-II

대저 오랜 세월이 지나도 없어지지 않는 것은 도일 것이요 백년을 지나도 썩지 않는 것은 글일 것이다. 글과 도는 서로 모여서 모양을 이루어 쓰이니 도는 막힐 때가 있고 글은 나타날 때가 있다. 옛날 군자들이 막힐 때와 드러날 때로서 출처하는 거감을 삼고 몸에 간직해 두었다가 세상에 시행함을 얻지 못하면 전날 말한 것과 행동을 서술하여 후세에 전하게 되니 이것이 문집의 기초가 되었다. 전수자(前修者)가 전한 바를 후학자(後學者)가 받는 것이 선비들의 당연한 책임이니 거룩하고 성하도다 영천군이여! 산이 밝고 물이 좋아 남국의 웅군일세. 예로부터 명현달사(名賢達士)들이 어깨를 겨누고 무릎 접하니 이 또한 지령(地靈)의 모임 때문이다. 예전을 더듬고 지금을 생각하면 우리 송파공이 취향이 바르고 문학이 풍부한 것도 대개 옛날 현자(前賢)들이 남긴 교육에서 부터 나온 것이니 노나라에 군자가 없었다면 어찌 이를 취할 수 있었으며 누가 ①예천(醴泉)이 근원 없고 영지(靈芝)가 뿌리 없다고 이르겠는가? 옛 ②향부로(鄕父老) 뒤를 따라 일찍이 들은 바는 있었으나 연회나 강명하는 자리에서 묻지 못한 것이 한이 되었는데 어느 날 공의 손자 수은(秀殷)씨가 그의 선조의 유문을 가지고 귀성(龜城)사는 나를 찾아와서 교정과 서문을 청하거늘 스스로 돌아볼 때 늙은이가 정신이 없고 학문이 능치 못하여 부끄럽고 하물며 알지도 못한 것을 강요하니 수모를 받는 것 같았으나 죽기 전에 공의 유문을 얻어 보려고 하고 전일에 그를 사모하였던 소원을 풀게 되면 이도 또한 다행이라, 일가 된 정의로 미더운 것이기에 사양하기 어려워서 삼가 받아 읽어보니 공의 평생에 하신 일이 대개 생각나나 서찰이나 제문 중에 문구가 명확하지 못해서 전하고 옮기는데 오역이 있을 수도 있고, 본문이 이 없어진 것이나 ③미사(微辭)와 ④오지(奧旨) 같은 데에서 출처(出處)를 모르는 것은 있던 대로 그냥 두고 감히 정리를 못하여서 훗날 아는 사람을 기다릴 뿐이다. 슬프다 ⑤위기지학(爲己之學)에 힘을 써서 거의 옛 현인(前賢)의 반열에 미치셨으나 벼슬공부는 본래 자기의 뜻이 아니었고 중년에 부모의 영화를 생각하여 과거에 나가보았으나 당시에 제도적 관행이 불공정하여 마침내 뜻을 이루지 못하고 헛걸음만 치고 돌아와서 형문을 굳게 닫고 경서를 안고 잠복하여 평생을 마치셨구나. 원근에 재주 있는 아이들과

더불어 그의 재주에 따라 가르치면서 ⑥삼락(三樂)중의 하나로 삼으시고 그의 덕을 향기롭게 하니 성공한 사람이 손가락을 꼽아가며 헤아릴 정도였다. 아! 언덕에 울던 학 소리 하늘에 멀어진다더니 가난한 집에서 처사로 늙어 생을 마치셨네. 학문하는 도가 비록 경중은 없다하나 공께선 세상을 위하여 가르쳤으니 슬프고 애석한 정이 깊어라. 공의 수양된 공부와 깊으신 조예에 관해서는 많은 선비들의 정평을 살펴보라. 얄팍한 말로 군소리 할 필요 없으니 대략 마음에 소감을 써서 자손들의 책망을 막을 뿐이로다.

계유년 시월 하순에 종하생 진수(晉琇) 근찬(謹撰)

『註』

1.예천(醴泉) : 맛좋은 샘물

2.향부로(鄕父老) : 동네 어르신

3.미사(微辭) : 은근히 돌려하는 말

4.오지(奧旨) : 깊은 뜻

5.위기지학(爲己之學) : 자기 자신의 본질을 밝히기 위한 학문

6.삼락(三樂) : 부모와 형제가 있고 하늘에 부끄러움이 없고 천하의 영재를 교육함

송파유집 제 일부

제1절 시(詩)

1. 송정(松亭)의 네 가지 경치

1) 대유(大楡)의 찬 샘물

산수(山水)를 읊노니 밝기가 그림 같아
살찐 흙 단 샘물이 큰길에 넘치노라.
길손이 이 흐름 얻어 보니 흐름이 한정 없어
앞들에 비를 내려 우리 백성 살리소서.

2)덕암(德巖)에 가랑비

덕성에 이 봇물은 한 바위에 솟아나고
바람은 가끔씩 동남에서 불어오네.
봄 산이 그림같이 때를 아는 비 오다가
개인 뒤에 다시 보니 푸르기 남색 같네.

3)아랫마을 큰 괴화나무

대업(大業)을 뉘가 알고 이 괴화 점칠 줄을
다년간 운을 기다려 마을 안에 심어졌네.
우리들이 신중하게 여기에 놀아보니
나무 그림자가 어찌하여 연못가의 누각보다 더 좋구나.

4)외동(外洞)의 구름에 잠겨 있는 산

한마을 구석진 곳에
노소(老小)가 경치 찾아 다함께 만났네.
산골에 한가한 의미를 뉘가 알아줄까

벼슬길 이별하고 푸른 산에 묻혀 사네.

2. 고천서원의 승호(陞號) 운(韻)을 [1]차운(次韻)하다

순국하신 높은 이름 서원집이 새롭구나
임고서원 동쪽 편에 고천이란 마을일세.
열 현인 탁자에 모여 춘추향 드리오니
추모하는 모든 후손 제각기 진정일세.

『註』
1.차운(次韻) : 남이 지은 시에서 운자를 따서 지음

3. 늦은 봄

친구를 만나 동정(洞亭)에 앉았으니
향기로운 막걸리 잔을 채워 쉴 줄 모르네.
정교한 시율은 지기를 만났었고
흥나는 바둑소리 정정하게 떨어진다.
달빛은 새벽종을 인용하여 물시계를 재촉하고
바람은 바위 끝을 채찍하여 꽃뜨락 쓸어준다.
길을 닦아 멀어지니 다시 보기 어려워라
하늘은 어찌하여 백리밖에 천둥치나.

4. 노전(蘆田) 유정(柳亭)에서 청도 김씨 벗을 만나다

노전에 버들이 서서 가는 길손 붙잡으니
산새들 우는 아래 들 닭도 소리치네.
빠른 걸음 맑은 얼굴 보기 어찌 늦었는가
편작이 돌보아도 늙고 병든 마음에는 신술이 없었다네.

5. 마조령(麻助嶺)

험한 관문 마조령 봉우리 향해 가니
한길이 비스듬히 십리나 길어졌네.
앞산에게 물어봐도 산은 말하지 않고
사람이 귀먹었는지 산이 또한 귀먹었는지.

6. 일찍이 천미(泉味)에서 출발하다

경영하던 이 걸음이 몇 해나 도모했나
해협의 먼 도시를 아득히 바라본다.
짧은 막대기 짚신으로 앞길을 재촉하니
달리는 말이 생병 날까 어찌하여 의심하리.

7. 내일 호촌(虎村)에 이르다

걸어서 호촌에 건너가니 서로 아는 것은 처음이나
글을 논하고 술을 마시니 옛 친구 같네.
먹음직한 회가 소반에 차니 빙설과 같고
주머니의 돈을 내며 고기 값 물어보네.

8. 은구보(隱口洑) 행정점(杏亭店)에서

십리를 동행하는 천씨란 사람이
손가락으로 사는 곳을 가르치나 귀에 들리지 않는다.
한자리에 술잔 주고받고 떡을 겸해 두니
달성에서 어느 날에 다시 서로 친해볼고.

9. 대곡에서 김우(金友)의 사위를 방문하다

꼬불꼬불 계곡 가운데 산도 또한 깊구나
대 사립 반쯤 가린 두어간 집이로다.

나를 보고 친척같이 누가 이리 반겨줄고
①흔연(欣然)하게 활짝 웃고 서서 맞이하네.

『註』

1.흔연(欣然) : 기쁘거나 반가워 기분 좋은 모양

10. 흥해(興海) 오도(烏島)를 지나면서

누가 표주박으로 바다 물을 잔질 하는고
내가 여우인가 의심나네.
만리창파에 한 작은 노가 검구나.
바람은 쏘아불여 눈가는 시리고 해는 져서 어두운데
어느 사람이 풀을 베어 내 말을 먹여주랴.

11. 영귀정(詠歸亭)에 올라가서

사는 집 정남쪽에 이 정자 세웠으니
강산의 문장들이 뜰 가운데 가득하네.
①우단(雩壇)에 입은 복색 바람 앞에 희어지고
②기수(沂水)에 품은 회포 목욕 후에 푸르구나.
버들위에 꾀꼬리는 날개 털며 울어대고
들보 끝에 제비들은 말을 듣고 하례하네.
③영귀(詠歸)란 참 맛을 사람이 아는지 모르는지
높은 당에 한가히 앉아 내 나이 늙어간다.

『註』

1.우단(雩壇) : 논어의 풍호무영지하(風乎舞雩之下)에서 따옴.
즉 자연

2.기수(沂水) : 사수(泗水)로 흐르는 강수(江水).
즉 공자 욕우기(浴于沂)에서 나옴

3.영귀(詠歸) : 소풍하며 시를 읊음.
즉 영귀고당지상(詠歸高堂之上)에서 나옴

12. 포은선생(圃隱先生) 명원루(明遠樓) 운을 삼가 차운하다

석계(石溪)는 옥소리를 울리면서 망루를 안고 돌고
여러 산은 바둑점처럼 차례로 열려 있네.
관기들의 풍류 속에 꾀꼬리 말을 하고
물가가 한가하니 흰 갈매기 오는구나.
운자를 남겨두니 후학들이 날로 읊고
시를 새겨두니 모든 현인 취해가네.
오직 연꽃 남아 있어 달빛에 비춰주니
상쾌한 곳 맞이하여 다 함께 배회하네.

13. 송정(松亭)에서

그 서가에 글을 읽고 그 샘 베개 삼아 누우니
큰 것은 들보 되고 작은 것은 ①연목(椽木)일세.
성근 ②주렴(珠簾) 밤에 드니 흰 달을 맞이하고
떨어진 잎 화로에 닿으니 푸른 연기 나는구나.
들사람 농사 이야기 자리 위에 숨어들고
산촌마을 방망이 소리 문가에 들려온다.
이마에 뿌리는 미풍 숨은 흥 자아내고
아이 불러 술 사오니 주머니 돈 허비되네.

『註』
1.연목(椽木) : 서까래
2.주렴(珠簾) : 햇빛 등을 가리는 물건

14. 동도(東都) 양무당(養武堂) 노송운(老松) 운(韻)을 차운하다

바람 서리 겁 안내고 사람도 겁 안내니
성시(城市)중에 모진 풍진 얼마나 견디었나.
붉은 껍질 굳게 둘린 경륜 있는 물건이요
무성하게 둘러쌓인 교만한 몸이로다.

구름 속에 버티어 서니 오랜 세월 알만하고
눈 속에도 빼어나니 새 정신 길렀네.
처음부터 무관의 곧은 충절을 생각하며
홀로 ①동도(東都)의 옛날 봄을 말고 있네.

『註』
1.동도(東都) : 낙양을 달리 일컫는 말

15. 청전 이후(李候) 학래(鶴來)의 면례(緬禮)를 차운하다

해산에 용의 기운 양지쪽에 집을 짓고
어진 사람 태수 오기 기다리네.
적성을 문화하려 한마음 기울였고
황원에 ①예양(禮讓)하니 일천사람 하례하네.
옛 글을 전수하니 생각이 한이 없고,
우리들께 의지되니 덕이 외롭지 않네.
다시 물음 새로 하여 지하에서 도우시니,
자손들이 대를 이어 발전하고 형통하리.

『註』
1.예양(禮讓) : 예를 지켜 공손한 태도로 사양함

16. 손님이 나를 찾아와서 수연(數聯) 시(詩)를 내어주다

맑은 시를 부르는 손 뜻 맞는 사람이니
나의 산문 두드리니 속세에 물들지 않았네.
참으로 ①허금(許琴)을 타는 편협한 땅이요
정녕 ②서탑(徐榻)에 내려온 몸이로세.
바람 자고 밤 깊으니 정담이 오래가고
달이 반쯤 뜰에 도니 양성하기 새로워라.
한가한 창가에 쓰기 어려운 경치 있어
일천 집에 관솔불이 오경의 봄밤이로세.

『註』

1.허금(許琴) :허소(許昭)의 거문고, 후한시대 隱士

2.서탑(徐榻) :서유(徐孺)는 하진번지탑(下陳蕃之榻)=승왕각서문(勝王閣序文)

17. 부암(釜巖)의 네 가지 경치

1)부암(釜巖)에 돌아가는 구름

소나무 반이 돌아 푸른 봄 되려 하고
한 폭을 걸어오니 세 이웃 되었구나.
저 기운 문득 보니 산 속에서 생겨나고
그 마음 능히 아니 세상사람 피해가네.
비를 머금고 오는 것은 용의 기운 분명하고
세상살이 잊는 것은 학의 정신 의심나네.
미풍이 채찍해도 산봉우리 남아 있고
보배로운 한 바위 빛이 다시 새로워라.

2)고봉(庫峯)이 세상을 건시다

많은 ①연하(煙霞)가 한 봉우리 끼고 도니
②천창성(天倉星)의 운수가 참 얼굴 내려주네.
부료암(富料巖) 잠궈두니 천추에 자물쇠요
계활성(計活聲) 전해오니 백 집의 방아일세.
전체의 모든 이웃 푸른 봉우리 나열하고
그림자 길게 뻗어 흰 구름 봉하였네.
정령도 가난함을 싫어하여
장차 우리들로 하여금 알찬 농사 위로하네.

『註』

1.연하(煙霞) : 연기와 노을, 고요한 산수의 경치

2.천창성(天倉星) : 천창성좌

3)정곡(鼎谷)의 찻불

불어오는 흰 불도 달궈지니 붉어지고
신방(神方)을 기르는 수양 고사에서 보았었네.
꽂은 산을 태우고저 얼굴이 어지럽고
연기는 장차 돌을 물들이니 그리기도 어렵도다.
①삼덕(三德)은 무슨 인연으로 ②한신황(漢神皇)께 보내지고
③양전(兩專)못한 한은 ④한퇴지(韓退之)의 용맹일세.
기상은 전죽 수는 도구와 비교가 아니 되고
선녀사자 보내어서 금반을 받드리라.

『註』

1.삼덕(三德) : 지인용(智仁勇)을 이름

2.한신황(漢神皇) : 신종황제(神宗皇帝), 후한의 어진 임금

3.양전(兩專) : 두가지 다 완전함(완전한 사람)

4.한퇴지(韓退之) : 당송의 대유학자

4)은암(隱庵)의 반달

①청련(青蓮)이 죽은 후에 술잔이 정지하니
하필이면 아미산이 예전같이 아름답네.
일만 골짜기 맑은 빛은 능히 승지를 택하였고
두어줄 연한 시축 혹시 기이한 곳 거두었네.
수면에 비춰오니 낚시인가 의심나고
산머리에 멀리 가니 가느다란 눈썹 같네.
저녁을 통하여서 주렴을 못 내리,
분명하고 둥근 몸을 뒷날 밤 기약하세.

『註』

1.청련(青蓮) : 李太白의 號

18. 한가한 중에 즉시 읊다

따뜻한 날 꽃을 찾아 석경(石逕)을 지나가니
꽃단장이 부귀(富貴)하여 선녀를 그린 듯하다.
못 속을 살리려니 물결에 고기 놀고
봄 뜻이 한가하니 가지에 새가 운다.
아침저녁 창문 열고 손님 대화 맞이하고
취하나 깨나 술잔 들어 시 노래 부르노라.

19. 화산(華山)에 올라가서

자갈 계곡 깊은 곳에 또한 샘물도 차가워라
여기에 머물고 부터 세속 인연 못 행한다.
청파(淸波)에 돌이 갈려 거울 알 같이 되고
낮은 집이 산에 의지하니 연복이 약간이라.
괴암이 우뚝 서니 천년의 불상 같고
비단 봉우리 기이하여 한나절 연기 끼네.
만일 화공을 시켜 이 그림 그린다면
시인들이 열 천냥 돈을 아끼지 않으리라.

20. 이은정(里隱亭) 운을 차운하다

은자로 이름이 나서 정자를 세울 때에
마을 장정들이 돕고자 안 했겠나.
참된 공정은 여가 봐서 지었으니
여문 땅을 말하자면 백리 벼락에도 걱정 없었네.
대대로 쌓은 가모 유초(遺草)한 원고 있고
일생에 봄날 일은 잡화(雜花) 핀 뜰이라.
자신이 한가하면 마음도 즐거우니
음양을 익히 아니 잠시 쉬지 못하겠네.

21. 설날 아침

①경하(慶賀)하는 좋은 새벽에 초려(草廬)에 앉아
나이를 더하면서 나를 경계할 십분(十分)의 글을 쓰네.
치화가 승평할 날 오르기 노래하고
농사는 좀 더 좋은 징조 꿈을 꾸네.
첫해의 닭소리는 보낸 뒤에 울어대고
인간의 봄 될 뜻은 처음과 같은데.
②협화(協和)한 지도(地度)는 지금도 예와 같고
세배하며 하는 말은 ③수역(壽域)아닌 곳이 없네.

『註』
1.경하(慶賀) : 즐겁고 기쁜 일을 축하함
2.협화(協和) : 둘 이상이 조화로움
3.수역(壽域) : 오래 살았다고 할 만한 나이

22. 경독와(耕瀆窩)의 운을 화답하다

집은 벽촌에 있으나 뜻은 진실을 지키니,
주인의 와(窩)자 호는 개중에 새롭구나.
가래와 따비를 연장 삼으니 농부가 당연하고
시와 서를 감춰두니 선비의 업에 종사하네.
아래 윗들 다닐 때는 긴 살핏대 짝을 삼고
고금문(古今文) 열람하니 숨은 서생 인륜이라.
아이야 빈풍송(豳風誦) 걷지 말아
농사 방법 능한 사람 가난하지 않느니라.

『註』
1.빈풍송(豳風誦) : 시전편명(詩傳篇名).(七月을 노래함)

23. 토곡(吐谷) 간천제(看泉齋) 운을 화답하다

백수옹이 일찍이 이곳에 경영함은
문명세월 올 것이라 먼저 하늘 쳐다봤네.
바람 맑은 골짜기마다 숲들이 울창하고
비에 젖은 산 속에는 개울들이 흘러가네.
옥공이 옥을 쪼면 속속들이 문채나고
가르침을 나누니 그 폭이 어디 메인고
벗과 나를 위해 베풀어진 향기로운 술자리는
문 앞에 열고 덮고 자기편리 맡기었네.

24. 섣달 눈

해는 섣달인데 부잣집이 희구나
설날에 [1]휴징(休徵)이 매우 아름다우니.
천지가 소금 쌓여 모든 산물 응겨붙고
강산은 그림 같아 비단옷인가 착각되고
바람 차니 높은 행차 초가처마 아래 돌아보고
구름 묻혀 행인 발길 좁은 길을 비껴가네.
세배하는 아이들은 눈 얘기 다퉈하고
풍년 점치는 소식 꿈속에 물고기런가.

『註』

1. 휴징(休徵) : 아름다운 징조

25. 섣달 그믐밤

한해를 점치니 새벽부터 아름다운 징조 있어
일반 사람 심사 닭소리 듣는구나.
가련하다 외로운 촛불 이 밤이 다 지나면
삼동(三冬)을 태워 보내고 봄 그림자 비쳐오네.

26. 서재(書齋)에서 밤에 읊다

봉우리 막힌 모재(茅齋)에서 촛대 잘라 불 밝히고
향로 화로 태우니 꼬불꼬불 연기나네.
서창에 달 비치니 정신이 배나 밝고
밤기운 차가우니 들리는 소리 산란하다.

27. 눈을 읊다

구름가려 현란하게 바람 따라 비껴오고
하늘에서 옥을 깨니 땅이 홀연 꽃밭일세.
산마을에 급히 쌓여 사람 말도 차게 하니
이 산 속에 재갈공명의 집이 있지 아닌가 의심하네.

28. 김준상(金俊祥)에게 만사(挽詞)

집이 동서로 나뉘어 있어 바라보는 눈앞이라
서로가 생각나고 서로가 보고프면 문득 문득 먼저 오네.
만날 때는 손을 잡고 끊임없이 우애롭고
간 곳마다 회포 풀며 곳곳이 술잔일세.
서로 만나 이미 천세를 즐기자고 기약을 하였건만
어찌 차마 하루아침에 살고 죽는 슬픔이랴.
풍채의 형 갈려지니 나는 어디로 가란 말인가
줄을 잡고 길게 우니 세상 생각 허사로다.

『註』
1.만사(挽詞): 죽은 이를 위해 지은 글

29. 손님과 더불어 술집을 묻다

손님과 시하는 노인을 따라 산동(山東)에 드니
시원한 정회 의협심이 절로 나네.

해질 무렵 주점 물어 아래 마을 내려가니
일반 행적이 뜬 기러기 같네.

30. 박인호(朴仁鎬)에게 만사(挽詞)

꿈같은 세월 다만 오십이라
누가 어진 사람 목숨이 천리라 하였던가.
앞 여울에 달빛은 낚시 돌에 차고
옛 국화 먼지 나니 술자리가 파하였네.
모친의 쇠한 연세 귀밑머리 백설이요
아들들에 남은 경사 형제가 장성하네.
시 지으며 눈물짓고 찬 밤에 서있으니
거친 산 속 멀리 갈 때 참으로 애석하구나.

31. 조한국(曺漢國)에게 만사(挽詞)

규방에 청상과부 남편 잃고 통곡하고
여막에 아이들은 의지 잃고 애호하네.
천고 황원(荒原) 한번 갈 때
아무리 상심해도 날 따르지 못하리라.

32. 성춘약(成春若) 재칠(在七)에게 만사(挽詞)

향리에 같이 살며 또한 사귀어 놀 때
뜻도 맞고 정이 깊어 짝짓기 좋아했네.
간 곳마다 회포 풀던 백수(白首)가 그립고
만날 때엔 술잔 잡던 푸른 눈 닦아보네.
가난 속에 사업이란 시서하다 늙어지고
속세에 묻혀 미음으로 기약했건만 세월만 흘러갔네.
한번 이별이 천고에 영결되니
붉은 정(旌)만 돌아가니 고향의 가을이네.

33. 박치엽(朴致曄)에게 만사(挽詞)

인자하고 단아한 한평생을
몸과 마음 바로 닦아 덕을 가히 이루었네.
문무 겸한 높은 영화 선대 유적 따라하고
학문 깊은 청백 범절 집안 명성 이어갔네.
백년을 안락하게 향리에 거처하며
천고에 좋은 놀음 ①옥경(玉京)을 꿈꾸었네.
학은 가고 두견새 우는 달 밝은 이 저녁에
슬프다 줄을 잡으니 정을 견디지 못하겠네.

『註』

1.옥경(玉京) : 하늘 위 옥황상제가 산다는 서울

제2절 서 (書)

1. 청전(青田) 이(李) 후(侯)께(I)

상각(相珏)이 엎드려 듣건대 ①합하(閤下)께서 도임하신지 이미 한 달이 지났습니다. 백성 된 예의로 즉시 가서 뵈옵고 하교를 받는 것이 마땅하오나 선비가 무사히 관부(官府)에 출입함은 실로 옛사람들이 경계한 바 있는 고로 주저하고 다만 늦게 오셨다는 말만 연송할 뿐이오니 참으로 송구합니다. 엎드려 생각컨대 이러한 때에 ②정체(政體)가 ③숭왕(崇旺)하심을 천만번 송축(頌祝)하옵니다. 가만히 보니 합하께서 도임하신 처음부터 선차(先次)로 고을 수령(守令)들의 후손과 충효열사(忠孝烈士)들의 후예를 심사하시고 예(例)에 따라 ④호역(户役)을 삭감하시니 이는 실로 기강을 바로잡고 풍속을 후하게 하는 선정입니다. 합하께서 이미 기강을 바로잡고 풍속을 후하게 함에 뜻을 쓰신다면 그의 나머지도 그물을 들면 눈이 벌어지듯이 자세한 일이 있습니다. 국초(國初)에 병조참의 휘 사성(士晟)이 본 군에 오시어 수년 동안 치민(治民)하시고 또한 선조 임진란에 남계공 휘 응현(應晛)이 ⑤창의(倡義)하시어 순절하시고 고천서원에 배향하시니 다 상각(相珏)의 선조입니다. 합하의 시정이 이와 같이 민가에 까지 혜택을 입게 하시니 어찌 대한(大寒) 후에 봄이 와서 벌레들이 봄소식 전하는 데에만 그치겠습니까? 감격한 나머지 몸둘바를 모르겠습니다. 정당한 때를 보아 가서 뵈옵고 인화(仁和)에 대한 사례를 하겠습니다.

『註』

1.합하(閤下) : 존귀한 사람, 상대편을 높여 부르는 말

2.정체(政體) : 국가 조직의 형태

3.숭왕(崇旺) : 높이 왕성함

4.호역(户役) : 집집마다 하는 부역

5.창의(倡義) : 국난을 당해 의병(義兵)을 일으킴

2. 청전(青田) 이(李) 후(侯)께(II)

엎드려 생각컨대 고천서원은 우리 선조의 ①용사(龍蛇) 창의(倡義)로서 순절(殉節)하신 영령을 모신 곳입니다. 그 나라를 위하신 정충(貞忠)은 최소한의 예라도 받아야 마땅하오나 자손들이 ②영체(零替)하여 백년이 되도록 이루지 못한 일입니다. 서원을 세울 처음에는 본 군(郡)의 성주가 그의 절의(節義)를 가상히 여겨 유생(儒生) 십오명을 계획하여 주고 향사 드릴 일을 돕게 하였더니 근래에 와서는 현안이 틀려져서 있던 사람도 도망가고 없어질 근심이 없지 않습니다. 근간에 저희들이 구제할까 생각하고 신고하였더니 합하의 ③하첩(下帖)이 겹쳐 나온 고로 그에 따라 책자를 만들어 올려 보내고 엎드려 듣건대 분부하신 내용이 등수에 따라 첩안(帖案)을 만들어 올려 드렸다 하오나 삼등(三等)은 서울에서 인(印)을 돌려보낼 때에 마치 기주안사(冀洲按事)를 만나 며칠 내에 저의 본원에 돌려보냈는데 어찌 사등성 첩안이 있으리까? 가령 본원에 감추어 두었다면 ④예리(禮吏)가 마땅히 ⑤임사(任司)에게 조치가 있을 것이니 어찌 감히 사실을 속이리까? 본원의 향례는 ⑥하정(下丁)일이 정행 이옵고 지공할 고자와 거행할 도색이 오히려 전예에 따라 예를 지키게 도와주신다면 더 바랄게 없겠습니다, 어찌 하오리까? 이로써 서로 돕고 모현(慕賢)하는 영각(鈴閣) 아래서 우러러 애원합니다. 본원을 수정하고 유생을 내려주실 안건은 다시 의심치 마옵시고 ⑦원예(院隷)를 특별히 보내주시기를 천만번 비옵니다.

『註』

1.용사(龍蛇) : 용과 뱀. 즉 훌륭한 인물 또는 훌륭한 일

2.영체(零替) : 권세나 살림이 줄어 보잘 것 없음

3.하첩(下帖) : 지방관이 글을 내림

4.예리(禮吏) : 육방관속(六房官屬)중 예(禮)를 맡은 예방(禮房) 아전

5.임사(任司) : 책임을 맡겨 일을 시킴

6.하정(下丁) : 음력으로 그 달 하순에 드는 정일. 이 날을 피하여 연제사나 담제를 지냄

7.원예(院隷) : 서원을 지킬 종

3. 권철운(權哲運)에게 답서

늦은 나무에 가을 깊고 엷은 구름 비 걸힐 때 편지를 보내주시니 깨우침을 가호하시는 듯합니다. 공손히 살펴보니 ①연량(燕養)이 청건(清健)하시다니 극히 위안됩니다. 상각(相珏)은 허약한 몸이라 후회가 막심 하옵고 다만 뜻을 잃어 공산에 놀러가려고 했던 언약도 이미 해가 지나갔고 ②좌하(座下)의 ③흥란(興闌)이 인연되어 소자첨의 손이 되어 적벽강 놀음도 허사되고 미산옹의 지팡이로 마애산에 홀로 머무르니 실로 회포할 것 없었습니다. 다행히 좋은 말씀을 토로하시어 아름다운 기회를 이으셨으니 침천(枕泉)의 유고(遺稿)가 좌우의 편집을 많이 받아 교정을 부탁하기에 이르니 비록 그 사람 아니지만 서로 알아온 것이 오래 되어 마침내 요구를 저버리기 어려워서 망령되게 점을 더하였습니다. 잘못이 있으면 새로 종이를 갖추어서 다시 정사를 하옵소서. 먼저 자기가 소저한 시(詩)와 만사와 서찰과 잡저와 제문을 쓰고 아래로 부록을 붙여 보내주고 화답하여준 시와 만사와 제문과 가장을 쓰고 끝으로 소식을 부치는 것이 어떠하겠습니까? 불녕(不佞)이 이 일에 간곡한 뜻이 있는 고로 이처럼 거듭 간청하나이다.

『註』

1.연량(燕養) : 평소에 사는 모습

2.좌하(座下) : 편지글에서 받는 사람을 높여 그의 이름이나 호칭 아래 붙여 쓰는 말

3.흥란(興闌) : 흥취가 이미 식어 줄어들다

4. 김용채(金龍采)에게 답서

매화꽃 한 가지가 신년 소식 띄고 오니, 기쁨을 스스로 이기지 못하겠습니다. 삼가 살펴보니 ①체리(棣履)가 더욱 편안하신지요. 오랫동안 행차를 기다리던 차에 방석을 보내주시니 화려하기가 구경거리나 빈자리는 더 커보입니다. 진귀한 과일에 달고 연한 맛은 혼자서 먹으려니 탄식이 나옵니다. 상각(相珏)은 허약하고 천한 몸으로 이제 환갑을 맞게 되니 공연히 외로운 감회가 나옵니다. 사랑하는 형과 같은 분이 오히려 한번 걸음 아끼시니 감히 해내(海內)에 사귀어 여러분들을 바라리까? ②영교(令嬌)가 힘없는 생각으로 반드시 늙은 사람 회포를 저하시키지 않으려고 그의 시아비로 하여금 일신상에 허물을 벗기고 일찍이 먼지 때를 씻으려 하니 우둔한 생각에도 사치심이 저절로 나옵니다. 형의 갑일에는 제가 반드시 간다고는 못하지만 며느리를 데리고 함께 가서 술잔을 잡고 축하하며 말하기를『하느님이시여! 순복을 내리시어 다 같이 오래 살게 하여 주소서.』하고 빌 것입니다. 미처 보지 못할 것 같아 이렇게 큰 소리를 칩니다. 하하하!

『註』
1.체리(棣履) : 형제들의 형편을 물을 때 사용하는 말
2.영교(令嬌) : 남의 딸. 즉 귀녀(貴女)

5. 김명언(金明彦)에게 답서

이별한지 이미 오래되고 서신 또한 막혀 멀리 남쪽을 바라보며 항상 그리워 하였더니 뜻밖에 편지가 바람 결에 불어와서 받들어 읽어보니 친절한 사연들이 토론이나 하는 듯합니다. 엎드려 살피건대 정후(靜候)가 평왕(平旺)하시다니 십분 위안되옵니다. 상각(相珏)은 남쪽 벼슬자리 겨우 풀자 서쪽 업무가 닥쳐서 남들이 보기에는 비록 영행(榮幸)하다 이르지만 신상에 노고는 실로 견디기가 어렵습니다. 형이 보기에 과연 그러하다면 그만 두는 것만 같지 못합니다. 모르는 것은 아니지만 녹을 사양하는 어려움은 칼날을 밟기보다 더 어려워서 주저하고 결정을 못하오니 어찌하면 이 몸이 건강하게 전원에 돌아가서 이 생애 보내올 지 스스로 생각하고 스스로 탄식할 뿐입니다.

『註』
1.정후(靜候) : 부모형제가 없는 분을 칭함

6. 조사길(趙師吉)에게 답서

상각이 겨우 새재(鳥嶺)를 넘어가니 형의 행차는 이미 조령 음지에 뛰는지라 뜬 기러기 탄식으로 슬픔을 이기지 못합니다. 엎드려 묻노니 노고하신 나머지에 ①정체(靜體)가 ②진상(珍相)하신지요 우러러 위로함이 변변치 못합니다. 상각(相珏)은 고단한 나머지 감정을 끼고 여러 날 자리에 누웠으니 민망함을 가히 말하지 못하겠습니다. 보여준 시축은 글구마다 사람을 놀라게 하니 이별한지 반년 만에 과연 이와 같이 눈에 띌까 저의 좁은 소견으로는 다시 찬사도 못하겠고 고사리 손으로 움켜잡고 아침나절 다 가도록 다만 이를 공경히 읽어볼 뿐이외다.

『註』
1.정체(靜體) : 정후(靜候)나 같음. (체(軆)는 평교(平交)에 씀)
2.진상(珍相) : 진귀하게 보존함.

7. 이원철(李元喆)에게 답서

한번 이별이 반년이라 날마다 바라보지 않을 때 없었더니 마침내 먼저 편지를 주시니 사연이 사무쳐서 여러 번 읽어보니 멍하게 형의 사랑을 잃은 듯합니다. 내 과연 이와 같이 진지하겠습니까? 글을 받은 후 여러 날이라 다시 궁금합니다. ①성체(省體)가 만안하신지요? 상각(相玨)은 외로운 등불 차가운 방에서 고요히 누웠으니 이 사이에 ②정상(情狀)을 과연 형에게 보일 것 같으면 어떠한 경력으로서 이와 같은 것을 능히 어떻게 알리겠습니까. 서울에 가서 배워볼까 집에 있으면서 시험을 볼까 우습지도 아니합니다. 류형의 글에 사례하여 올렸으니 바라보면 곧 전해질 것이고 ③완장(阮丈)의 기후는 근간 다시 어떠신가 돌이켜 생각하니 옛날이 더욱 그립습니다. 금수옥정(金水玉井)은 실로 세속의 안목으로는 가히 지나볼 바 아니건만 형은 어떤 ④청복(淸福)한 무리로서 능히 이와 같은 놀음을 지었습니까? 손을 잡고 두루 돌며 지적하고 바라보지 못한 것이 한스럽습니다. 앞에서 틀려진 일 이제 와서 옳게 한들 이미 기와는 깨어진 것입니다. 뒤에 비록 따르려 하나 기회를 잃은지라 후회한들 어찌 하겠습니까?

『註』

1. 성체(省體) : 어른을 모시는 사람에게 쓰는 말
2. 정상(情狀) : 사실 있는 그대로의 상태
3. 완장(阮丈) : 삼촌(三寸)을 존칭(尊稱)
4. 청복(淸福) : 청한한 복

제3절 잡저(雜著)

1. 전예설(戰藝說)

나는 예원에 노는 사람이라 예기를 읽고 방패를 휘두르며 창을 쓰는 방법을 알았고 악기를 배워서 북 치면 나아가고 징 치면 물러서는 명령을 알게 되었다. ①후예(後羿)의 활 쏘는 지혜를 익혀 쏘면 반드시 적중을 취하고 ②왕량(王良)의 말 타는 법을 본받아서 몰면 반드시 바르게 간다. 장차 ③소단(騷壇)에 격문을 전하고자 할 때는 ④조괄(趙括)이 ⑤도독(徒讀)하던 죄목을 쓸 것이요 군량을 운반하려하면 ⑥소하(蕭何)의 ⑦운량(運粮)하던 섬수를 수놓을 것이다. 날랜 창칼을 저장하고 백전기회 기다린다. 가을 사냥 오늘에 재주로서 전쟁을 시험하니 크도다. 전쟁이여! 그 또한 군자의 전쟁이로다. 드디어 말을 하되 영하(領下)에 풍속에는 많은 문예(文藝)를 숭상하여 밤낮을 공부하고 전쟁놀이 강론한지 오래된 바이였다. 외로운 배를 타고 동정호에서 악양루 시를 경쟁하면 ⑧두보(杜甫)가 나의 스승이요 구일에 남창에서 등왕각 서문을 읽게 되면 ⑨왕발(王勃)도 나의 벗이라. 삼년을 공부하여 ⑩옥중풍운(玉中風雲)을 걷고 펴며 십 년을 갈고 닦아 ⑪추상공명(推上功名)을 넣고 뺀다. ⑫도금(韜矜)을 알고 보니 경사(經史)에 ⑬손오(孫吳)의 주책(籌策)이 아이들의 희롱같고 ⑭갑주(甲胄)를 갖추고 나니 충신인 ⑮파목(頗牧)의 재략(才畧)이 노예(奴隸)로 보인다. 붉은 깃발을 세운 시험장에서 ⑯사우(四友)를 휴대하고 군사를 바라보니 때는 오직 구월이요 절서는 삼추로다. 공산(公山)에 필진(筆陳)을 열고 보니 초목에 바람은 솔솔 불고 금호(琴湖)에 연지(硯池)를 씻고 보니 원타의 북소리가 연연하다. ⑰포정사(布政司)의 아래는 ⑱안씨(顔氏)의 물기(勿旗)가 세워 있고 ⑲선화당(宣化堂)의 가운데는 ⑳자로(子路)의 삼군(三軍)이 맹세한다. 오늘의 시험장에 적수가 그 누구일고? 비록 ㉑맹사(孟舍)의 약속을 지켰으나 필승(必勝)은 내 것이다. 스스로 ㉒북궁(北宮)의 용맹이라 자부하고 어떤 계책을 써서 ㉓삼사(三舍)를 물리칠고 서경(書經)에 말하기를 힘이 같으면 덕을 헤아리고 덕도 같거든 의를 헤아리리라 하였으니 그는 이에 의의 전쟁이 옳으리라. 천년문물(千年文物)을 계림(鷄林)에서 옛날 풍속을 증험하려면 경주(慶州)의 사륜(師律)이 엄하게 떠졌던가, ㉔일위풍도(一葦風濤)로 한산(閑山)에 강한 도적을 물리치려면 고성(固城)의 군령(軍令)이 분명한가, 의로써 이름하고 정성들여 의기(義氣)를 두드리니 의성(義城)의 선비인가, 군으로써 위엄 펴고 군법(軍法)을 꿰뚫으니 군위(軍威)의 선비던가? 멀도다. 동쪽의 사람들은 문봉(文鋒)을 달구어서 활촉을 교환한 자 아님이 없는지라. 이에 주머니를 열고 사우를 모두 내니 대머리 ㉕모생자(毛生者)가 자리를 벗고 나오면서 하는 말이 옛날에 우리 선조가 한초전(漢楚殿)을 정할 때에 저 강한 진나라를 물리쳤다. 내가 이제 지킨바니 두 말을 하지말고 결단하라 하고 ㉖묵생자(墨生者)가 나와 말하기를 왕년에 즉묵(卽墨)에 있다가 삼군에 포위되어 이마를 갈고 발굽을 놓는 온갖 힘을 다 모아서 ㉗악의(樂毅)를 물리치고 ㉘기겁(騎劫)을 죽였으니 비록 한달 동안 주모를 계획하였으나 세번 이긴 공이라 하고 ㉙석생(石生)이 나와 말하기를 나는 이에 ㉚황석공(黃石公)의 본 몸이라 여기에 병법(兵法)이 있다. 구덩이를 깊이 파고 성루를 높이 사서 진양성과 같이 물을 댄다면 저가 비록 ㉛지백(智伯)이 같은 지혜라도 능히 할 수 없을 것이다 하고 ㉜저생자(楮生者)가 ㉜백면소심(白面素心)으로서 환하게 웃으면서 말하기를 내가 이에 대충 세분의 소리를 적어보니 청연일장의 보배구슬 값 정하듯 문모(文謨)와 무략(武략)이 금세의 ㉞길보(吉甫)일세. 상책을 쓰려거든 반드시 모생(毛生)을 재촉하라 하니 나는 이에 ㉟오언진성(五言秦城)을 방황하며 ㊱팔두조원(八斗曹垣)을 배회하니 달성(達城) 맑은 날에 보고서를 작성하고 군사들이 둘러 서니 백척 계단에 높이 앉아 신선같은 사람은 그는 오직 의성에서 장원한 원수로다. 군사의 대로써 퉁소를 부는 자는 말하기 어렵고 정문의 눈에서 손가락을 튀기는 자 자만이 난다. 조상들이 복을 주고 자손의 영화였다. 어찌 흥망성쇠의 이치를 모르는가? 이로 미루어 볼 때 부(富)해도 오래 가지 않고 궁해도 길지 않다. 성주(聖主)를 일천 년을 만나도 조심이 없는 것도 사람이요 삼만리에 풍년이 들어도 풍유가 없는 것이 사람이다. 가을 바람이 기약은 없으나 초나라 기러기 득세하고 큰 비가 정함 없으나 하수에 고기 놀고 뛴다. 하늘은 하필이면 한 선비만이 홀로 하여금 궁케 하나 또한 자네를 위하여 획일적인 방법이 하나 있다. 향풍에 시도 곡기 되고 향당에 책도 의복된다. 우산(牛山) 하루밤에 열심히 공부하라. ㊲주정(周情)과 공사(孔思) 내게 부터 나온 듯하다. 기수에 물이 있고 무우에 바람이 남아 있다.

『註』

1.후예(後羿) : 유궁후예(有弓后羿)란 사람. 활을 잘 쏨
2.왕량(王良) : 주나라때 말을 잘 보는 사람
3.소단(騷壇) : 글을 쓰는 곳
4.조괄(趙括) : 춘추전국시대의 장수
5.도독(徒讀) : 모든 죄목을 한꺼번에 읽음
6.소하(蕭何) : 초한시대의 한왕의 모사(謀士)
7.운량(運粮) : 구량을 운반함
8.두보(杜甫) : 당나라때 시인
9.왕발(王勃) : 13세에 勝王閣 서문을 쓴 사람
10.옥중풍운(玉中風雲) : 즉 풍운조화
11.추상공명(推上功名) : 전쟁 중의 공명
12.도긍(韜矜) : 병법 즉 육도 삼긍(六韜 三矜)
13.손오(孫吳) : 손빈(孫濱)과 오기(吳起)
14.갑주(甲胄) : 갑옷과 투기
15.파목(頗牧) : 廉頗와 李牧
16.사우(四友) : 文房四友
17.포정사(布政司) : 본부사령부
18.안씨(顔氏)물기(勿旗) : 顔淵의 四勿 勿字旗
19.선화당(宣化堂) : 監司가 있는 政堂
20.자로(子路) : 공자의 제자. 용감한 분
21.맹사(孟舍) : 孟東野
22.북궁(北宮) : 사람이름, 용감한 사람
23.삼사(三舍) : 즉 상중하 모든 사람
24.일위풍도(一葦風濤) : 작은 배
25.모생자(毛生者) : 붓
26.묵생자(墨生者) : 먹

27.악의(樂毅) : 전국시대 명장
28.기겁(騎劫) :전국시대 명장
29.석생자(石生者) :벼루
30.황석공(黃石公) : 초한시대 장량의 스승, 병서를 가지고 온 스승
31.지백(智伯) : 춘추전국시대의 제후
32.저생자(楮生者) : 종이
33.백면소심(白面素心) : 희다는 뜻
34.길보(吉甫) : 吉治隱
35.오언진성(五言秦城) : 仁義禮智信이 확고함
36.팔두조원(八斗曹垣) : 시문이 뛰어남
37.주정공사(周情孔思) : 주공의 뜻이요 공자의 생각

2. 희롱의 말(戲說)

산중에 별미가 없고 벼루에 흉년이 많다. 일어놓은 쌀 삼홉은 다만 산중에 중들의 미음 쑤는 꺼리에 보탬되고 채소 한단은 없는 선비의 찌꺼기 먹는데 도움된다. 푸른 하늘에 흰 구름을 바라보며 육자배기 글구나 계산하고 검은 장막에 고서적이나 대하오니 수일의 생애가 남아 있다. 빈 숲에 우는 새는 무심하여도 ①행사(幸舍)에 노래를 화답하는 썩은 토막의 마른 고기는 눈이 어두워도 야암의 들판을 지나간다. 맛을 모르는 ②애공(哀公)은 쓰고 매운 바다의 눈을 모르고 빤다. 들깨는 씹어봐야 사실을 자세히 알고 날고기는 먹기가 조심된다. 장백산에 한 되의 적은 범노의 공사만을 기다리고 먹지 못하는 삼장시는 ③위풍(魏風)의 쓴 힘이 효력난다. 같은 벗이 모임하니 봉서(鳳瑞)씨와 문원(汶源)형이요 친척들과 같이 사니 호동의 아우와 강정의 아저씨라. 한수의 썩은 말은 하얗게 쓸어버리고 세발내기 솔 그릇은 겁기도 자주 한다. 가만히 들어보니 성대한 잔치를 열고 넓은 자리를 처음 펴고 음식 접시를 고루 찌고 세 가지 적을 놓고 다섯 가지 회를 놓고 중좌에서 마실 때에 자네 한 잔 내 두 잔이라. ④동상고례(東床古禮) 잔치석에 ⑤남전(藍田)에 ⑥약중(約中)한 사람들이 모였었고 서암에 많은 음식으로 ⑦죽원루하(竹院樓下)에서 손님을 대접할세 여섯 다리 붉은 게의 한 다리 떼어낸들 무엇이 상할 것이며 백병들이 맑은 술에 두어 잔 부어본들 어찌 감하리요? 엎드려 원하건대 상투머리를 푹 숙이고 고픈 배를 부르게 하라. 풍요로운 다른 날에 반드시 곡강의 놀음도 기다리고 산음의 늦은 봄에 난정 모임 있으리라. 나는 걸음으로 빨리 달려가서 실천할 자리를 마련해 보리라. 이러한 신필(信筆)에 당긴 말이 가하게 보이거든 다행히 들꽃 같이 예쁘다고 웃음을 짓지 말라.

『註』

1.행사(幸舍) : 선비들이 모이는 곳

2.애공(哀公) : 한나라 때 사람으로 맛을 몰라 눈을 먹었다고 함

3.위풍(魏風) : 시전(詩傳)의 편명(篇名)

4.동상고례(東床古禮) : 초례상(醮禮床)

5.남전(藍田) : 옥이 나는 산 이름

6.약중(約中) : 약속이 맞는 사람

7.죽원루하(竹院樓下) : 서원 또는 정자 같은 곳

제4절 서(書)

1. 동경(東京)에 벗을 보내면서 서문

①성서(聖瑞)는 초성(楚聲)을 하고자 하던 사람이라. 십년이 되어도 초성을 이루지 못하고 자장 놀음을 만들어서 동경(東京:慶州)에 놀러 가는 아침에 나에게 고하였다. 나는 병을 앓은지 해가 지나 능히 일어나지도 못하다가 이 말을 듣고 벌떡 일어나서 축하하며 자네가 동도를 잘 보고 오도록 도우리라 말하였다. 동도는 옛날 왕도라 바다도 양양하고 평지도 망망하며 산도 푸르고 숲도 무성하다. 사는 사람들은 선비도 있고 농부도 있고 장인도 있고 장사도 있다. 생산되는 것을 보면 고기와 소금과 곡식과 베옷과 그릇이 있고 사업에는 시 짓고 글 쓰고 예를 하고 풍악치며 계하고 살아가며 밭 갈고 우물 파며 가축도 기르고 목장도 하며 바다 사람 그물 뜨고 산중 사람 나무 베고 갯가 사람 광주리 맨다. 이 일이 특별한 것이 아니고 산천 풍토가 세간 풍속에 알맞다. 대저 나라를 처음 세울 때 그의 임금이 불교였다. 군자의 풍체를 좋아하여 읍하고 사양하며 검소하였다. 야인의 풍속에는 글을 숭상하지 아니하고 여자와 공자들이 몸소 잠농하고 길쌈하니 가정에 주부들이 오히려 여풍이 더 있었다. 신라 뒤에는 노나라로 일변하여 풍속이 값지게 좋다 이르더라. 저 월성에 올라가서 흥망성쇠를 읊어보고 계림 숲 바라보면 금마(金馬)와 벽계(碧鷄)의 전설이 숨어있고 황성 공원 구경하면 공자 왕손 춤추었고 금종과 옥저의 소리를 들으면 화노와 옥녀들의 수심이라 성시안에 들어가서 화랑들의 풍월 주인 있는지 없는지를 물어보고 자네의 호탕한 삼장시로 조롱할 것이 있으리라. 능묘에 들어가서 열왕(列王)들의 영령을 조상하고 여가가 있거든 양동을 찾아가라. 동네에는 모두 우재선생의 후손이라. 그들의 사는 곳은 언덕과 물가이라. 집은 만리 바람 모두 받고 십리 들을 굽어본다. 의복과 패물이 ②방결(芳潔)하고 여기저기에 둘러보면 바다에 노는 것도 거의가 여기 있다. 십년을 못 배운 초성이 반드시 환골탈태(幻骨脫胎)할 것

이다. 그의 후중한 군자풍과 그의 넓고 넓은 창해풍과 그의 서러운 고국풍과 애원하는 죽청풍과 황당하고 괴이한 금마와 벽계풍과 비장한 황창풍과 번화한 호탕풍과 풍월 주인 화랑풍과 곱고 예쁜 공주풍과 고상하고 굳직한 채락풍은 홀로 초성이 아니고 또한 신라의 소리였다. 이런 신라의 소리를 내야 하지 하필이면 고직씨의 초성을 하려 하는가 태사공의 지항서에 반드시 새어 나와 표요하게 빨래하는 여자와 거리에 부인들의 노래가 되고 산만하게 노는 아이들과 목동들의 장난되고 유락되어 행려들의 탄식되고 적막하게 산골풍과 들노인의 얘기되고 한가하게 은일한 선비들의 말씀되니 고국의 천년여를 캐어내지 않음이 없다. 여기저기에 언덕이나 거리나 도로 사이에 길고 짧은 노래 소리 들려온다. 노래할 것 노래하니 너는 노래 없을 소냐? 남남하게 말하려니 말로도 다 못하고 글로써 쓰려 해도 글로써 부족하여 초성(楚聲)으로 읊어온 자 내시에 올리노라.

『註』
1.성서(聖瑞) : 기품이 높은 인상
2.방결(芳潔) : 아름답고 깨끗함

2. 오회계서(五會契序)

대저 제사란 것은 예의의 큰 절차라. 이천(伊川)선생이 사시제에서 일찍이 말씀하시기를 죽은 사람 섬기는 예를 산 사람 받드는 것보다 더 후하게 하야 당연하다 하시오니 우리 선군(先君) 오형제분이 살림을 하실 때에 비록 예에 뜻을 두었으나 성취를 못하옵고 기제사 받들기만 일관하여 앞서 이미 조치하고 또한 시월 묘사 때를 당하여는 예같이 행하지 못하니 이미 ①상로(霜露)를 밟으면서 더욱 슬픈 감정을 느끼었다. 내가 모든 종반 중에 맏이된 책임으로 종제 상준(相俊)과 더불어 ②규획(規劃) 의논하고 각기 한 섬 곡식을 내게 하여 성취가 될 때까지 ③권여(權輿)를 늘린다면 어찌 이어갈 계책이 안되리요? 그러나 처음은 애써 하다가 나중에 게을러지면 옛사람의 경계한 바이니 감히 체험하고 행하여서 해마다 생활을 불리고 임자년부터 창립하니 ④제수(祭需)등절은 때에 따라 편리를 도모하고 빠뜨리고 폐하는 일만 없으면 거의 만분의 일이라도 보답이 있을 것이요 뒤에 바라지가 될 것이다.

『註』
1.상로(霜露) : 서리와 이슬을 같이 말함
2.규획(規劃) : 계획을 세워 정함
3.권여(權輿) : 저울대와 수레바탕, 사물의 시초를 말함
4.제수(祭需) : 제사에 쓰이는 여러 가지 물건이나 음식

제5절 기(記)

1. 농와기(聾窩記)

선고의 농와기를 유실하고 기록하기 어려운 고로 감히 이를 이어서 지어둔다. 군자가 예가 아니면 듣지 말라 하고 숨어서 살면 들리는 것이 없다 하니, 예가 아니면 듣지 말라 하는 것은 사치를 막고 천성을 두어서 한 세상 명리를 구하지 아니하고 귀먹지 않아도 먼저 귀먹을 줄 알 것이요, 숨어서 살면 들을 것이 없다 함은 몸을 숨기고 자취를 감추면서 백년의 산골에서 수양을 잘하니 비록 귀먹으나 귀먹지 아니하는 것이다. 예전에 우리 선고는 말세의 분쟁에 귀가 먹어 고인의 글을 읽고 농자(聾字)를 하나 얻어 송정 한가한 곳에 조그마한 집을 짓고 스스로 농옹(聾翁)이라 하고 옹자로 현판을 달아 이로 인한 기문이 있었다. 불초가 성의 없이 그 기문을 유실하니 불효한 죄는 가히 말할 수 없다. 감히 이로써 이어짓고 농과 와로 고쳐 쓰니 농이라 하는 것은 두 가지 뜻이 있고 와는 다만 자의(字義)만 취함이라. 늙어서 귀가 먹어 귀머거리 되는 것은 자연의 귀먹은 것이요 세상에 귀가 먹어 귀머거리 되는 것은 고의의 귀머거리라. 이집에 쉬시면서 세상소리는 듣지 않으시고 ①염량(炎凉)의 태도를 모두 잊으시니 예의의 그 밖에는 막심하게 귀가 막으셨다. 이집에 누우셔서 매일 마을의 수재들이 찾아와서 토론함을 들으시고 글 읽는 소리 들으시는 가운데 총명이 있으셨다. 수양하시는 바를 보면 나물을 먹고 베옷을 입으시고 주린데 귀먹고 차가운데 귀가 밝고 임수등산(臨水登山)하실 때면 움직이면 깨어나고 고요하면 귀먹은 듯하셨다. 나무라고 칭찬할 일 있으시면 나무람도 귀가 먹고 칭찬에도 귀가 먹고, 기쁜 일과 성낼 일 있으시면 기쁜 일도 귀가 먹고 성낼 일도 귀가 먹고, 옳고 그름 있으시면 이롭고 해로운 즉 이로워도 귀가 먹고 해로워도 귀가 먹고, 남의 부귀 보시어도 부귀에도 귀가 먹고 남의 빈천 보시어도 빈천에도 귀먹으니여기에도 귀가 먹고 저기에도 귀가 먹어 귀머거리가 이미 끝이 없고 이집에 쓰일 바라. 농으로써 호를 한다. 이집에 올라와서 이 농을 느껴보면 더욱 귀먹지 않은 바가 뚜렷하게 있으리라. 이에 평일에 예서와 경서 두 편을 강습하시고 불초에게 더욱 귀먹은 것으로 하여금 이어가게 하시니 선업을 이어서 그의 예를 잃어버리지 않는다면 이집을 백세에 수를 하고 그의 이름은 길이 귀먹지 않으리라. 슬프다. 피눈물을 흘리면서 대충 쓰노라.

『註』

1.염량(炎凉) : 선악과 시비를 구별하는 슬기

2. 농고당기(聾瞽堂記)

이우(李友) 충경(忠卿)이 이 해 봄 두어간 집을 짓고 낙성을 할 때에 친구들을 모아서 잔치를 즐기니 유모(柳某)도 또한 함께하였다. 술이 만취가 될 무렵 이충경이 술잔을 들고 나를 돌아보며 하는 말이 당(堂)은 이미 이루어졌으니 자네가 그의 이름을 지으라 하거늘 내가 대답하여 하는 말이 농고(聾瞽)로써 이름하면 가하라 하니 곁에 한 친구 김군(金君) 군수가 소리를 높여 크게 말하기를 귀에 들리는 것이 없는 것을 농이라 하고 눈에 보이는 것이 없는 것을 고라고 하는데 글이 나온 이래로 문자가 세상에 행하는 것이 천자 억자 뿐이 아닌데 정사의 이름을 어찌 아름다운 호를 지어주지 않고 하필이면 롱고 두자로써 써라 함은 무슨 뜻인고? 내가 말하기를 그렇다. 가만히 있거나 내가 자네에게 말하리라. 하늘이 만물을 낳아서 만물 가운데 우리 사람이 가장 훌륭한 것은 사람에게 아홉 구멍 중에 귀와 눈이 가장 크다. 귀는 듣는 것을 맡고 눈은 보는 것을 맡아서 듣는 것은 귀 밝아야 하고 보는 것은 눈 밝아야 한다. 그 후에야 가히 아홉 구멍이 큰 게 되고 그것이 만물의 영장이라 할 수 있다. 곧 ①소자(邵子)가 이른 바 이목이 총명해야 남자가 몸이 크고 품부가 고르다 하니 더불어 가난하지 않으려면 이것이 아니겠는가. 비록 그러하나 귀에 듣고 싶지 않을 때도 있고 눈에 보고 싶지 않을 때도 있다. 시대가 이미 저하되고 경박함이 이미 극도에 도달하니 한말의 차이가 천 길을 가히 뚫게 되면 세상길이 험하기를 어찌 ②태항(太行)과 ③맹문(孟門)의 절벽일 뿐이리오. 일이 옳고 그름이 있는데 옳은 것을 다 옳다 하고 그른 것을 다 그르다 하면 능히 그의 몸을 보존하지 못하고 사람이 착하고 악한 것이 있는데 착한 것을 다 착하다 하고 악한 것을 다 악하다 하면 또한 능히 그의 집을 보존하지 못한다. 내가 보고 듣고자 하여도 그의 시비와 선악에 조급하지 않는다면 하늘이 나에게 줄 바가 없을 것이요 그의 시비와 선악에 조급하게 한다면 내가 화를 취한 바가 클 것이다. 어찌하면 그가 옳을 것인가 차라리 나의 귀를 막고 차라리 나의 눈을 감더라도 막연하고 어두워서 스스로 보고 듣지 않는 것이 낫다 하고 능히 이 도를 얻은 것은 오직 그의 주인이다. 내가 주인과 더불어 미리 요구하려 주인의 마음을 능히 말한 것이다. 젊을 때부터 일에는 가부(可否)할 바 있고 사람에는 취사(取舍)할 바 있다. 오직 다행히 술기운을 빌려 다만 우스개 말로 지어본다. 옳은 일은 옳다 하고 한잔 술로 파해 버리고 그른 일은 그르다하고 또한 한잔 술로 파해 버리니 소위 시비는 듣기를 원치 않음인가? 착한 사람을 착하다 아니하고 한잔 술로 보내버리고 악한 사람도 악하다 아니하고 또한 한잔 술로 보내버리니 소위 선악이란 나의 스승이 아니던가? 인간에 시비와 선악을 모두 술잔 속에 물건이라 부쳐버리고 귀먹은 듯 봉사인 듯 보고 듣지 못한다면 그는 초연하게 길흉과 영욕의 밖에 천리같이 멀 것이요 가슴 속에 시비와 선악들이 또한 묵정(墨定)할 수 있으리라. 이로부터 보게 되면 비록 일에는 귀가 먹으나 마음에는 귀먹지 않고 비록 남에게는 눈감으나 나에게는 눈감지 않는다. 일과 남은 바깥일이요 마음과 몸은 안의 일이다. 안이 만일 총명하면 밖이 비록 귀먹고 눈감으나 무엇이 상하리요. 나 같은 사람은 기운도 협소하고 도량도 초잡하며 성품 또한 경박하여 시비의 차례도 모르면서 논사(論事)는 가장 높고 선악의 분별도 모르면서 책인(責人)에는 홀로 후하니 필경에는 스스로 선악 중에 빠진다. 이제 비록 크게 각성하였으나 성품이 옮기기 어려운 고로 귀로 귀먹고자 하여도 듣기에 더욱 귀가 밝고 눈으로 눈 감고자 하여도 보기 더욱 눈 밝으니 지금 주인은 이미 행하였고 이름은 또한 지어졌다. 천층의 난간이나 백척의 간두에서 마침내 장래를 어찌 감추지 못하고 공의당에 올라가서 공의 이름 보는 사람 또한 그러할 것이다. 도와주는 길이라면 귀도 밝고 눈도 밝은 이제 우리 같은 사람들이 더욱 이에 마땅하다. 가슴에 새겨둬라. 이에 군수가 ④휼연(恤然)히 사과하고 주인 또는 절을 하며 말하기를 이름이 나에게 진실로 당연하다 하여 기문하노라.

『註』

1.소자(邵子) : 강절선생(康節先生). 송나라 현인

2.태항(太行) : 산이름, 오악(五嶽) 중의 하나

3.맹문(孟門) : 산이름, 절벽이 심한 산

4.휼연(恤然) : 놀라고 두려워 함

제6절 통문(通文)

1. 대추서당 창설할 때 사림에게 통문

생각하니 우리 지강(芝崗)땅은 ①이유(二酉)의 산에 사양하지 아니하고 사람은 ②삼해(三亥)의 어린아이 능케하기 드물어서 중산에 새긴 재주 정중히 즐기고 ③유자우(劉子羽)의 ④묵장(墨帳)에 공부를 연구하려니 거처할 집이 없다가 드디어 두어간 세울 경영을 도모하게 되었습니다. 백년의 ⑤현송(絃誦)을 지으려니 ⑥운포지벽(篔鋪之壁)에 비록 신비를 창출할 터전에 느낀 점은 있으나 오히려 ⑦녹동(鹿洞)에 속하지 못하니 다만 돈의 유통만 잘 된다면 매양 풍우의 대비라도 생각이 납니다. 이에 ⑧향정(鄉井)에 상구(相救)할 의리를 기대보며 접대를 길게 빼는 계획을 크게 잡고 그의 이익만 모색함이 아니고 학문을 위하는 정성에 온 힘을 내는 것이니 엎드려 원하건대 여러 군자들은 오히려 제도 있게 도와주소서.

『註』

1.이유(二酉) : 산 이름, 대유소유, 책을 많이 쌓은 곳

2.삼해(三亥) : 어리석은 아이들
3.유자우(劉子羽) : 책명, 고서적
4.묵장(墨帳) : 책을 쌓아둔 곳
5.현송(絃誦) : 거문고를 타고 시를 읊음
6.운포지벽(篔鋪之壁) : 대쪽에 글을 쓴 곳
7.녹동(鹿洞) : 朱子가 공부하던 곳
8.향정(鄕井) : 고을과 마을

2. 대추서당 중수할 때 사림에 통문

일은 혼자서 이루지 못하여 반드시 이웃에게 묻는 고로 예전에 상조하는 의리가 있었습니다. 학문도 가히 혼자서 성취하지 못하여 또한 남에게 기대를 거는 고로 밖에 나아갈 곳이 있어야 합니다. 지금 시골마을(鄙洞)에는 천재(天災)를 능히 깨뜨리지 못하여 ①예림(藝林)이 비어있고 훌륭한 재주를 보지 못하여 소리가 들리지 않습니다. 문풍(文風)이 적적한 것은 ②성화(聖化)가 못 미친것이 아니고 민속이 어리석은 탓입니다. 어찌 천성이 굳었겠습니까? 그러나 도하된 어리석은 사람들의 저하된 포기가 아니니 꺾어서 말하자면 또한 사군자의 ③긍민(矜憫)할 바입니다. 저희들이 여기에서 나고 여기에 자리 잡아 비록 문장의 대단함을 알지 못하오나 또한 오직 강습(講習)하는 아름다움을 해석하니 지극히 즐거운 것은 독서(讀書)와 같은 것이 없고 지극히 중요한 것은 교자(教子)와 같은 것이 없습니다. 이로써 바야흐로 경영에 힘을 모았을 뿐입니다. 하루에 ④모동(茅棟)이 ⑤여휘사비(如翬斯飛)를 기약하게 되었습니다. 두어간 ⑥난옥(蘭屋)에 문채가 이미 여기에 있으니 또한 즐겁지 아니하겠습니까? 엎드려 생각컨대 여러분들은 몸소 밀어주는 은혜를 기꺼이 생각하시고 하여금 사람을 인한 공을 이루어 주신다면 천만 다행이겠습니다.

『註』
1.예림(藝林) : 선비들이 모이는 곳, 서원 또는 서당
2.성화(聖化) : 성인의 교화
3.긍민(矜憫) : 불쌍하고 민망함
4.모동(茅棟) : 초가집
5.여휘사비(如翬斯飛) : 새가 날아가듯 아름답다. 집이 아름답고 훌륭함
6.난옥(蘭屋) : 향기롭고 훌륭한 집

3. 송정서당 창설 시에 사림에 통문

배움은 혼자서 배우지 못하여 반드시 책가방을 지고 갈 곳이 있어야 하고 계(稧)중도 스스로 계중하기 어려워서 마침내 같은 동네의 수의를 보아야 하니 이는 서로가 돕는 것을 돌아볼 때 하물며 저 세상을 강론하는 것이리요. 지난 일을 생각하면 우리 선인이 일찍이 은둔하며 수양하시어 세상에 명의를 구하지 않으시고 늦도록 송정에 거처하시면서 스스로 영재의 자질을 즐기시고 이미 예서와 경서에 일생의 직업을 맡으시고 준재와 수재들께 반세의 공적을 환하게 도우셨습니다. 학문을 해독할 처음에는 비록 밝지 못한 근심이 있었으나 더욱 강습한 연후에는 게으르지 않는데 규칙을 두시었습니다. 그러기 위해선 혼자 하는 수업이 아니면 마땅히 집이 있어야 강의를 합니다. 모든 친수들은 멀리서 부터 호응하여 기쁜 행동이 있었으면 합니다. 불초가 성의가 없어 오래동안 상심의 탄식을 견디었으니 이에 장차 늙은 것이 부끄러움을 안고 감히 여러분들의 은혜를 바랍니다. 예전을 돌아보면 ①범요부의 보리 부친 배가 있으니 지금 면목 없는 늙은이가 쌀을 구하는 글을 올리니 여러분들은 심상하지 않으시면 천만 다행이겠습니다.

『註』
1.범요부(范堯夫) : 송나라 범요부는 보리 싣고 가던 배를 석만경에게 넘겨줌. 재물로서 남에게 은혜를 베품.

제7절 축문(祝文)

1. 고총(古塚) 동역(同域)의 고유문(告由文)

공손히 생각컨대 존령(尊靈)들은 어느 대의 어떠한 사람인고? 혼은 덤플을 의지하고 무덤은 가시에 가리웠다. 이제 이런 묘를 세우니 고총의 앞이였다. 때는 비록선후가 있으나 한 언덕에 집을 같이 하고 함께 살아 이웃이 되었으니 유명이 사이 없고 시기와 혐의가 거의 없다. 서로 화평하게 나아가서 여기에 신은 쉬라. 감히 바라건대 초부와 목동들을 다함께 보호하고 길이 한없이 도와주라. 이에 한잔 술을 가져와서 공경히 신에게 고하오니 신은 들으시고 나의 향내 흠향하소서.

2. 대추동(大追洞) 제문

생각컨대 신은 매우 살피소서. 제계하는 단소(壇所)가 이렇게 엄숙하옵니다. 비노니 이를 응하시고 백성의 고통을 굽어 민망히 여기소서. 봄에 빌고 가을에 보답함은 해마다 항상 하는 법식이니 백사(百邪)를 물리치고 만복을 주옵소서. 집에는 길상(吉祥)이 있고 지게에 복록을 안겨 천만년 긴 세상에 틀리지 않게 하소서.

3. 운산동(運山洞) 제문

지난 예전 어느땐고 동네 있고 신이 있다. 봄에는 진(辰)일이요 가을에는 해(亥)일로서 그 달 중순을 사용한다. 실로 신의 도움을 힘입으니 고하는 말이 조심된다. 재앙을 없애주고 복록을 점지하소서. 비나이다. 응하시어 신인 화합하옵소서. 미성을 공경히 베푸오니 저의 향불을 응감하소서.

4. 민도동(敏道洞) 시설(始設)하는 축문

생각컨대 우리 민도동은 집을 지어 사는 것이 오직 새롭다. 두셋 집 연기 내니 복록이 함께 이르소서. 붙들고 보호하고 편안하고 상서롭고 잡병 홍역 을 소제하여 주옵소서.

5. 가택 개기(開基) 축문

이런 이름있는 곳을 점지해 주신 것은 하늘이 실로 나에게 주심이라. 괘상은 ①대장(大壯) 괘를 맞이하고 운수는 ②황도(黃道)운을 통하였다. ③경산(景山)에게 날을 잡고 ④계좌정향(癸坐丁向)으로 방향 두니 높은 산에서 내려온 산록에 구름 기둥이 와서 머무른다. 면으로 말하면 청경이요 동으로 말하면 송정이라. 하늘이 때를 윤허하시어 집을 경영하도록 밝게 열어주시니 신은 그를 도우시어 며칠 안에 이루게 하소서. 정성들여 고합니다. 여기 와서 도와주소서.

『註』

1.대장(大壯) : 주역의 괘상(卦象), 양기왕성괘(陽氣旺盛卦)

2.황도(黃道) : 태양의 행로, 천자가 가는 길

3.경산(景山) : 풍수 또는 일관

4.계좌정향(癸坐丁向) : 집터나 묘터가 계방을 등지고 정방을 바라보는 위치

제8절 제문(祭文)

1. 김공 준상(駿詳)에게 제문

슬프도다. 공과 내가 혼인을 맺은 지가 이제 겨우 사년이 되었다. 사년 전에는 공의 말만 듣고 공의 거동을 아는데 불과할 뿐이었다. 사돈이 되고 부터 공의 생지를 일상생활 속에 가만히 알아보니 공은 온화하신 자질로써 전원(田園)에 달게 누워서 바깥 물욕은 가슴 속에 붙여보지 않으시고 또한 탐하여 구하심은 마음속에 머물지를 않으셨다. 가정 일이 크고 작고 세상 일이 넓든 길든 지극히 담담히 하시었고, 또한 세상이 모두 사는데 욕심내고 죽음을 싫어해도 오직 공의 마음만은 사는 것을 보실 때는 천행으로 생각하고 죽음을 보실 때는 [1]물화(物化)라 생각하시니 그의 본래의 위치와 안분(安分)하신 지조는 비록 옛날 학문하는 사람이라도 공과 같지 못할 것이다. 돌아보건데 재주 없는 내가 혼인을 맺은 이후에 더욱 공경하고 삼갔다. 돌아볼 때의 그 깊이를 알게 되니 공의 깊이를 아는 고로 통곡한다. 슬프다. 이 몸이 또한 공보다 십 구세나 아래라 무릇 세간(世間)에서 다스림의 일을 거의 하였으나 재주가 능히 변화를 옮겨보지 못하고 가난 속에 세월을 보낸 지가 반평생이 넘었다. 지난날 공의 장사하는 날에 [2]둔석(窀穸)결에 [3]고결(告訣)을 능히 못하였다. 나도 또한 한번 죽을 것이니 저승에서 만나는 날을 기약하리니 공은 반드시 나를 관용하고 나를 용서하실 것이지만 나는 장차 무슨 말씀으로 대하오리까? 슬픈 사연과 고통스러운 말은 차라리 생략하고 번거로움 없이 말을 여기에 그칩니다. 불매(不昧)하신 존령(尊靈)은 용서하시고 강림하여 주옵소서.

『註』
1. 물화(物化) : 사물(事物)의 변화(變化)
2. 둔석(窀穸) : 묘소 또는 관구
3. 고결(告訣) : 이별을 고하다

2. 족형 종우(鍾遇)에게 제문

슬프다. 가지 않고 크게 오는 것은 [1]방흥(方興)이 다하지 않는 형상이 되고 앞에는 울다가 뒤에는 웃는 것은 흉함은 버리고 길함이 오는 이치가 되는 것이니 공을 위해 말하는 것이라. 공이 일찍이 부모를 여의고 사남매가 뒤와 앞이 가난하여 무한풍상(無恨風霜)을 다 겪고 일가가 극히 운이 좋지 않아 집을 돕고자 데릴사위로 살며 홀로 외롭고 쓸쓸하였으니 태어나고 죽음이 [2]고해였고 공의 집안은 우는 형상이 되었다. 아들을 셋을 두어 맏이와 둘째가성공하니 사람들이 그 집이야

그 집이야 하고 일컫고 곧 운이 크게 오니 공에게 처음으로 방흥하는 형상 이였다 조카를 길러서 종가를 이어가고 사당에 신주를 봉안하여 신도와 사람들이 다 같이 편리하니 곧 뒤에 웃는 이치가 되었다. 이 어찌 공에게 다 못한 ③정길(貞吉)이 아니리요. 기대가 다른 일가보다 달리 하는 바는 조카의 부탁이 있고 장차 방래에서 이웃 정을 헤아렸다. 어찌 이다지 무상하리요. ④상배(喪配)한지 얼마 되지않아 공 또한 호연(浩然)이 가시니 선영(先塋)의 산록에 장사하고 마침내 ⑤동혈(同穴)되니 공에게 있어서는 가히 유감이 없겠으나 뒤에 죽을 자가 의지를 잃게 된 통곡을 과연 어찌 하오리까?

『註』

1.방흥(方興) : 한창 왕성하게 일어남

2.고해(苦海) : 괴로운 인간세계

3.정길(貞吉) : 지조가 변치 않고 꾸준히 하면 좋은 결과를 얻음

4.상배(喪配) : 아내의 상

5.동혈(同穴) : 부부가 죽은 뒤에 같이 묻힘

3. 재종형 상우(相禹)에게 제문

공의 초년을 생각하면 그 정이 가히 슬프도다. 일찌기 부모를 잃고 평생을 겨우 보존하였다. 일남이매(一男二妹)가 누구를 의지하며 누구를 힘입을고? 그의 장가가고 시집가게 될 때까지 공이 스스로 부담하고 ①잔호(殘户)를 겨우 지켜가며 ②유모(遺謨)를 잃지 아니하니 원근에 모든 친족들이 뉘가 칭찬하지 않으리요? 중년에 사업하여 치가(治家)한 일을 보면 밤이면 남창에서 글을 읽고 낮이면 서주에서 밭을 가니 어찌 항심이 없었다 하리요? 전택(田宅)에 이익을 두어 스스로 배불리고 스스로 수양하여 몸도 불리고 집도 윤택하니 술을 빚어두고 친구를 요청해 이웃과 마을들이 모두가 칭찬하였다. 재물을 모으고 곡식을 저장하여 가난한 사람을 구휼하고 궁한 사람에게 두루 주었다. 사는 곳이 ③일사(一舍)의 거리에 있었기로 때가 있으면 서로 만나서 나의 일에 질의(質疑)하니 남의 종반을 물어보면 공과 나와 같은 이 없었다. 나이가 또한 동갑이라 서로가 의지하고 개천 하나 사이에서 형아 아우야 부르면서 이와 같이 우애하고 영세토록 떠나지 않으려 하였더니 가화가 혹독하여 한해에 변괴가 속출함이라. 부인이 먼저 가고 남편이 뒤에 가서 무덤이 한 무덤 되니 인간에 좋은 궁합이 지하에 서로 서로 즐기게 되었다. 아! 나같이 무사한 것은 어디에서 다시 접하리요? 하늘도 가히 믿지 못하겠고 귀신도 또한 사사가 없다. 한잔이 엷은 술과 두어줄 거친 말로 나의 작은 충정을 고하오니 거의 여기에 이르소서.

『註』

1.잔호(殘户) : 쇠잔해가는 문호

2.유모(遺謨) : 선대의 끼친 모범

3.일사(一舍) : 삼십 리를 말함

4. 외구(外舅) 김공 제상(悌相)에게 제문

슬프다. 공의 죽은 날로 부터 계절 바뀔 사이를 지나지 못하고 이 해 이월에 우리 장모의 상사로 울게 되고 오늘에 또한 장인을 곡하게 되니 잠깐 사이에 물 위에 거픔 같고 바람 앞에 등불 같은 변괴가 한 집에 두 달 안에 첩첩이 생겨나니 비록 보통 아는 사이라도 감을 잡을 수 없을 건대 하물며 전일에 사랑받던 사정을 생각하면 장인은 이 사위의 장인이 아니옵고 아버지와 같으시고 장모도 이 사위의 장모가 아니옵고 어머니와 같으셨습니다. 소자가 이 날에 길이 통곡하고 모름지기 긴 말을 못하겠습니다. 대략이나 장사하는 날에 베풀려 하니 그 밖에 슬프고 괴로운 말을 어찌 다 진술하겠습니까? 영령이 아시거든 흠향하여 주옵소서.

5. 이문옥(李文玉) 한표(翰杓)에게 제문

슬프다. 공과 나는 정이 친하고 뜻이 밀접하였다. 공이 어릴 때부터 우리 선인에게 수학하고 비록 학업을 마치지는 못하였으나 그의 뜻인 즉 일찌기 조금도 거리낌이 없었다. 나의 선인 별세하실 때는 초상부터 종상까지 소대상 제수에도 공에게 힘입은 바가 많았으니. 내가 어찌 잊을 수 있겠는가? 원근에 ①지구(知舊)들이 나와 더불어 두터운 자가 하나 둘이 아니지만 뜻이 맞고 깊고 절친한 자 나와 너 같은 이 없다. 공의 자질이 온유(溫柔)하고 기품이 정견(貞堅)하여 형제가 ②담락(湛樂)하고 자질들이 번성하니 가히 그 보답을 얻었다고 이를 만하다. 어찌하여 나이 겨우 오십 여에 큰 병도 없었는데 여기에 이르렀는가? 비록 공의 아들이 구업을 이어간다 하더라도 공을 위한 통석에는 그 사람도 아깝지만 그 나이가 더 아깝다. 벌써 나의 회포가 어찌 다할 수 있을 손가? 거의 공의 자제들과 더불어 그 옛 정을 잃지 않는다면 가히 공을 위로하고 통곡하는 정의에 더 할 말이 있겠는가?

『註』

1.지구(知舊) : 친구

2.담락(湛樂) : 평화롭고 화락함

6. 김공 재규(在圭)에게 제문

슬프다. 봉황새가 가버리니 모든 새가 의지할 곳 없고 큰 종이 떨어지니 대마디가 쓸데없다. 공이 죽은 지 오래되어 한 문중에 후생들뿐이로다. 어디가서 말을 할고? 나같이 불민한 것이 공의 문중에 왕래한지도 이십여년이라. 이미 교화도 입었건만 겨우 결함 면할 뿐이로다. 불민(不敏)이 무록(無祿)하여 그러한가? 또한 존문의 액운인가? 공이 죽은 후에 세월이 이미 일년이라 거동과 말씀을 마침내 다시 이을 길이 없으니 소자가 오늘날에 무궁한 통곡을 어찌 감당하오리까? 생각컨대 다행한 것은 아들이 위로는 선대를 이어갈 책임을 가졌고 아래로 살림 말을 계책이 있으니 공의 복이 다하지 않은 것이 여기에 있나이다. 말을 여기에 마치오니 불매하신 존령께서는 감지하여 주옵소서.

7. 이공 응하(應河)에게 제문

어린 사람이 어른에게 제문하지 않는 것은 예경에 실려 있다. 하물며 나같은 후생이 감히 언행(言行)을 기리겠습니까마는 정이 두터워서 가히 말을 아니할 수 없습니다. 공의 평소에 하신 일을 우러러보면 말세(季世) 고인(古人)이라 성질이 온화하고 아담하시고 의용(儀容)이 순박(純朴)하시고 마음은 겉과 속이 같고 말씀이 험과 모가 없으시고 남의 잘못을 부끄러워하시며 나의 본분을 확실히 하시고 제사를 받드실 때 정성을 다하시고 형을 섬기실 때 순하게 하시며 일가에 처하시나 남에게 접할 때 간절하지 않음이 없고 나의 좋아하심이 아니시면 ①여송(輿頌)이라 내치시고 춘추 비록 높으시나 기력이 강건하시었다. 가만히 늙지 않고 오래 향수하시리라 축원했으나 어떠한 병환인데 빨리 죽음에 이르셨는고? 상주들이 호곡함을 차마 위로하지 못하겠다. 백수(白首)로 우는 제씨(弟氏)가 어찌 ②할반지통(割半之痛)을 견디리까? 행로에서도 슬퍼하고 마을이 모두 애석하다 하였네. 우매(愚昧)한 나를 돌아보면 처종(婦從)의 처지에 있는지라. 이로써 ③촌장(寸腸)에 사정의 통곡이 배나 간절하다. ④유월(踰月)이란 제도가 있어 날이 밝으면 장차 무덤에 가게 되니 제가 마지막이라 어디에서 다시 접해 보리까? 엷은 음식과 거친 말씀으로 영령에게 기대보니 양양히 계시는 듯하오니 나의 작은 정성을 응감하옵소서.

『註』

1.여송(輿頌) : 거리에서 하는 말, 즉 유언비어

2.할반지통(割半之痛) : 반을 꺾는 아픔

3.촌장(寸腸) : 적은 가슴, 즉 마음

4.유월(踰月) : 달을 넘김, 즉 3월이라는 뜻

8. 고모부 이공 유인(裕仁)에게 제문

공손히 생각컨대 공은 우리 고을에 ①망족(望族)이라. 성도(性度)가 온아(溫雅)하고 언론(言論)이 정대(正大)하며 가정에 처하시면 가도가 화목하고 사람을 접하시면 인심이 ②열복(悅服)하니 예전에는 군자이요 지금에는 고인(古人)이라. 한 고을을 둘러봐도 누군들 감복하고 추앙하지 않으리오? 공이 우리 집에 출입하신지가 이미 사십년이 되었다. 소자가 늦게 나서 공의 초년은 미처 보지 못하옵고 가정에서 익히 들어보니 공의 거룩하신 행지와 아름다운 말씀을 어찌 친절하게 드러내서 말하고자 않으리오? 정사에 말씀을 생각하면 눈물샘을 깨닫지 못하고 가슴이 뜨거워집니다. 생각하니 우리 고모가 현숙하신 자질과 유순하신 행지로써 능히 끝까지 군자를 섬기지 못하고 빨리 젊으실 때 세상을 떠나시니 이것이 소자에게 깊은 통곡을 더하옵고 공도 또한 육십의 연세로써 이제 또한 가시오니 저승에 내려가서 삼생인연 다시 있어 과연 인간세상의 사랑을 이으소서. 파리한 고종들이 부지런하고 검소하고 조처하고 계획함이 너그럽고 넉넉하여 문장이 뛰어나니 문호의 창대함이 이로부터 가히 기약되옵니다. 어찌 다시 슬픔만 있으리까?

『註』

1. 망족(望族) : 명성과 덕망이 있는 집안
2. 열복(悅服) : 기쁜 마음으로 복종함

9. 장인 정공 치운(致運)에게 제문

슬프다. 해는 바뀌어서 삼년이요 정의 끝은 만단이라 소자의 울음이 오늘 저녁에 이르게 되니 존령의 순근(淳謹)하시고 맑으신 거동을 다시 뵈올 곳이 없으니 슬프고 원통하옵니다. 연세가 ①상수(上壽)라 높으시나 부족함이 한스럽다. 공의 평생에 울적한 심회로써 간고할 후사를 두지 못하시어 막막한 저 집안 일들을 누구에게 전해주고 눈을 감고 계십니까? 오직 공의 심지를 아는 사람은 소자뿐입니다. 소자의 정서를 공도 또한 알 것인 즉 장차 보고 모시려고 하였더니 무슨 뜻으로 한순간에 소자는 빨리 ②단현지운(斷絃之韻)을 짓게 되고 우리 공을 속이고 ③수옥지혼(隨玉之魂)을 지으실까? 서천을 바라보니 의뢰할 곳이 영원히 막히었다. 어찌 이십년이나 ④등헌(登軒)하던 정을 잊으십니까? 공은 저승에 내려가서 응당 따님을 만날 날이 많으리다. 행여 나의 외로운 정상과 일아의 애절한 회포를 전하게 되시거든 무양하게 이 세상을 마칠는지 못할는지 헤아려 주옵소서. 말과 생각이 여기에 미치니 눈물이 샘 솟듯이 떨어집니다. 내일이면 장차 영연을 거둘테니 나의 회포를 어디 가서 다하리까?

『註』
1.상수(上壽) : 100세
2.단현지운(斷絃之韻) : 줄 떨어진 운
3.수옥지혼(隨玉之魂) : 자식을 따라가는 혼
4.등헌(登軒) : 헌함에 올라감. 어른의 문전에 출입함

10. 종부부군 성호(星昊)에게 제문

거룩하신 부군이시여! 큰 집에는 칠기같고 지차 집에는 대들보라. ①천부(天賦)가 ②순근(淳謹)하시고 ③지보(地步)가 ④안상(安詳)하시며 효우로 규칙삼고 충신으로 방법하사 향리에 처하시면 향우들이 추복하고 가정에 처하시면 가도가 회목하였다. 불초한 나를 돌이보면 일찍이 부모 잃고 슬하에 의지하여 은혜를 받고 사랑을 입었다. 관후한 말씀으로 부지런히 잡고 가르치심을 받았으니 그의 은혜를 저 어찌하오며 궁한 속에 견고하고 가난 속에 안정하라 하신 그의 교훈을 저 어찌하오리까? 몸을 닦아 남을 접하시고 나를 아끼시며 나를 사랑하사 특별한 애휼을 주시었다. 소자가 무사하여 만분의 일도 본받지 못하고 가만히 오래 사시기만 축수하며 길이 교훈을 받으리라 믿었더니 하늘이 우리 집에 화를 어찌 이리 혹독하게 내립니까? 슬프다. 종반들의 집안일을 돌봄에 공의 의지 아니시면 바다를 임하듯이 아득할 뿐입니다. 말하여도 정을 다하지 못하고 울어도 슬픔을 다하지 못하겠습니다. 한잔 술 냉한 전으로 이에 영결하옵니다.

『註』
1.천부(天賦) : 천성(天性)
2.순근(淳謹) : 순후하고 근신함
3.지보(地步) : 바탕과 행지
4.안상(安詳) : 안정되고 자상함

11. 장모 김씨에게 제문

처가집에 손이 된 것은 예전 임인년 섣달의 아름다운 저녁이었다. 날도 밝고 좋은 때였다. 일찍부터 내왕한지도 이십 사년이 되었다. 봄에 탄식하고 묘자리로 가네. 나를 계림의 일가로서 손님으로 대접하네. 월성의 아내 되어 사람들이 말하기를 여사라고 일컬었다. 자질이 참되고 순박하여 그의 집에 마땅하니 교화가 이웃까지 미치었다. 항화를 봉사할 때 예에 맞춰 차려내고 몸소 많은 자식을 길렀어도 괴롭다고 안하시고 이남사녀를 좌지우순(左持右循)하시면서 남은 시간에 길쌈을 하시어도 물레 위에 먼지가 없고 치가하는 범절에는 생각이 훌륭하시었다. 보잘것없는 나로

서도 아들 보듯이 오직 고르게 하시며 복사꽃 피는 봄날이나 앵두 따는 여름철에 지팡이 잡고 가서 뵈오면 왕래를 자주 하여도 문에 나와서 환영하시고 손을 잡고 옷자락을 당기셨다. 사위가 하나가 아니어도 다 같이 인후하사 알알이 웃으시며 조심조심 훈고하심을 지금까지 변하지 않으시고 갈수록 더욱 새 정을 내시었다. 따님이 아내라 즐거우니 초록자락 시부모도 잘 섬기고 조석지공을 함께 하니 이 어찌 헛되리까? 교양이 있음이었다. 매양 가서 뵈올 날만 헤아리고 장래토록 같으리라 믿으셨다. 슬프고 원통하다. 저 푸른 하늘이여! 새벽꿈이 징조가 먼저 서고 편작의 방법이 신효가 없고 육순에 갑자기 가시니 이것이 꿈이고 진정이 아닌 것 같다. 소자가 스스로 지은 죄는 존령이 응당히 진노하시리라. 초상에도 못 갔었고 장사 때도 어긋졌네. 세월은 빨리 가서 대상이 되어서야 긴소리로 한번 울게 되니 가슴속이 미어집니다. 한잔 술 엷은 음식으로 어찌 감히 정성이라 말하리까?

12. 김범채(範采)에게 제문

슬프다. 사람이 이 세상에 처하여 같은 곳에 살고 같은 동갑에 나는 것도 진실로 우연은 아닌 듯하다. 그 가운데 나아가서 또한 겉은 같고 속은 같지 않는 것이 있다. 속속들이 서로 기약한 것은 아니라면 앞서 이른바 같은 마을에 같은 동갑이 모두 믿음이 부족할 것이요 오직 같은 마음으로 서로가 옳은 것에 의지 한다면 ①기리단금(其利斷金)이니 나와 공의 같은 바를 얻는 것이다. 수양하고 의리 맺어 같이 술잔을 교환하는 것을 좋아해서 같이 하고 바둑을 대국을 좋아해서 같이 즐겨하니 대저 이 세상에 한가지도 같이 하지 않는 것이 없었다. 이로 보면 무릇 같은 고을 같은 동갑이 진실로 우연이 아니고 기이한 것이라. 이제 비록 유명이 멀어지고 생사를 달리하니 만사가 순간이요 백연이 잠깐이라 이제 같지 않는 것은 진실로 기약은 없으나 끝에 다시 같게 될 것은 장차 무궁한 기약이 될 것이다. ②백아(伯牙)의 거문고가 이미 끊어졌고 ③영장(郢匠)의 도끼가 모두 걷어 졌다. 나로 하여금 외로운 탄식을 않게 하니 이것이 슬프도다. 슬프다. 차가운 적 한 접시와 남은 술 한잔이 나 동갑의 정이었고 짧은 사연 옹졸한 말도 동갑의 표시로세. 공은 그를 아는가 모르는 가?

『註』

1.이인동심(二人同心) 기리단금(其利斷金) : 두 사람이 마음을 함께하면 날카로운 쇠붙이도 끊을 수 있음

2.백아(伯牙) : 백아절현(伯牙絕絃).친구가 죽고 자기의 거문고 소리를 들어줄 사람이 없다 하여
거문고 줄을 끊었다는 고사.

3.영장(郢匠) : 혹은 영부(郢斧). 남에게 시문을 교정할 때 쓰는 말

13. 성희여(成熙汝) 호운(皞運)에게 제문

슬프다. 예전에 군자가 이치를 말할 때에 상리만 말을 하고 변리는 말하지 않은 고로 어진 사람 장수를 하고 착한 사람 복 받는다는 등의 말이 있다. 나는 공에게 상리는 말하지 않고 반드시 변리만 말하자면 그의 변리를 말할제사에 정서에 ①통도(桶悼)할 것을 어찌 ②필설(筆舌)로써 다할손가? 차라리 말을 하지 않는 것이 옳을 것 같다. 공의 마음과 성품에 감복하고 공의 행지와 사실을 본 사람은 나같은 이 없을 것이다. 공의 덕업과 재주로써 빨리 여기에 이르게 되니 이 사람이여 어찌 여기에 이르렀나. 이는 무슨 이치인고? 사람의 일로 보게 되면 더욱 가히 참혹하다. 규방에 과부의 외로움을 공이 아니면 어디가서 의지하며 빼빼 우는 어린아이들은 공이 아니면 어디가서 믿으리오? 죽은 자는 그만이지만 산사람은 재난이 더한 것이다. 내가 공과 사귄 길은 선대부터 이미 깊고 가까이 지내셨고 또한 공의 ③종백씨와 혼인을 맺을 때도 공을 시킨 일이 있었으니 사심없이 따라하는 정의가 당연히 어떠한고? 더욱 더 슬퍼하는 바는 우리 아이가 공에게 수학하고 공이 이에 정성으로 가르쳐서 어(魚)자 노(魯)자를 대충 아는 것은 모두가 공이 주심이라. 공이 이제 여기에 이르게 되니 장차 누가 경계할고? 말을 일으켜 여기에 미치오니 나의 회포를 걷잡기 어렵다. 무덤을 방금 지으니 깊은 밤에 빛이 없다. 한잔 술과 슬픈 제문이 만고의 장사로세.

『註』

1.통도(桶悼) : 통곡하고 애도함

2.필설(筆舌) : 붓으로 쓰고 혀로 말함

3.종백(從伯) : 상대편에 대해 자기의 사촌 맏형

14. 정서방 내희(來禧)에게 제문

슬프고 원통하다. 군의 명은 어찌 이처럼 빨리 가며 나의 명은 어찌 이와같이 더딘가? 작년 이날에 내가 은사(銀絲)를 시켜 군의 이른 죽음을 울게 하였다. 그러나 나는 또한 죽지 않고 앉아서 이날을 보내오니 아! 이 늙은 물건은 무슨 심한 죄를 얻었던가? 하늘 또한 싫어한다. 슬프다. 군은 신체도 굳세고 여물며 성질도 부지런하고 후덕하여 가난하고 군속하여도 민망하게 여기지 않고 서로가 옷을 바꿔입고 한 그릇에 밥먹어도 상심하지 아니하고 고기잡고 나무하여 정성스레 효도하니 ①동생(董生)에게도 부끄럽지 아니하고 발고랑에 생애하니 ②소자(邵子)에게도 믿음이 있었다. 물마시고 나물을 먹는 너의 본분을 보게 되면 ③남전(藍田)에 미옥(美玉)같이 진실로 장씨 집에 어진 사위였다. 내 혹은 생각나서 동쪽을 가게 되면 채전 밭에 나물 뽑고 한사발의 보리밥이 보통 먹는 음식이나 진정이 넘쳐나서 나로 하여금 돌아감을 잊게 하니 족히 죽기 전에 한 가지 좋은 일이였다. 어찌할고? 빠르게 이 일을 뺏아가니 나를 꺾는 액운인가 오직 군의 명이던가? 위로는 백발 노친 계시니 누가 그를 봉양하며 아래로 청춘의 아내 있으니 그가 어디 의지하며 외로운 어린 자식 있으니 누가 그를 돌보리오. 군은 홀로 어떠한 사람인데 모든 근심을 다 버리고 인정도 모두 잊고 멀리 가서 돌아오지 아니한가? 내가 군을 위해 곡하는 것은 이치에도 거슬리고 명도에도 어긋난다. 이로부터 가려 하니 정신도 소모되고 혼백도 빼앗겨서 오래 세상에 기탁하지 못할 것 같다. 군을 추모하는 날에 어찌 여유가 있으리오. 바람을 맞아 눈물을 뿌리면서 글로 보내며 우노니 슬프도다.

『註』

1.동생(董生) : 董狐, 진나라 사관, 직필로 씀

2.소자(邵子) : 강절(康節)선생 송나라 현인

3.남전(藍田) : 옥이 나오는 산이름, 즉 훌륭한 사람을 비교함

15. 이좌랑 덕현(德玄)에게 제문

아! 생각컨대 공은 회재선생의 후손이라 자질이 훌륭하여 옥같고 옥돌같다. 일찍이 가정훈계를 이어받고 유림에 종사하여 눈으로는 천고를 걸어 보고 입으로는 만언을 외워가니 가슴속은 비단이요 붓끝은 풍운이라. 일찍이 과거에 뽑혀서 세자궁에 적을 두니 오직 그가 쌓은 바는 장차 크게 할 일 있으리라 하였더니 어찌하여 준마의 걸음이 ①백악(伯樂)을 못 만나서 조정에 대한 계책은 붕새가 날아갈 하늘이 막았으니 재주는 높았지만 명이 다하였다. 백수(白首)에 낭관(郎官)이라 실수가 또한 무엇이 화근인고. 호연히 돌아와서 호해(湖海)가에 편하게 앉아 ②담락(湛樂)한지 오래였다. 공의 누린 것을 말하자면 벼슬이 아니거든 장수라도 할 것이지 어찌 ③여독(厲毒)으로 빨리 ④멸성(滅性)할 줄 알았으리. 사는 것이 어찌 우연이 아니며 죽는 것이 어찌 명(命)이 아니리요. 문성(文星)이 바다에 떨어지고 ⑤옥수(玉樹)가 흙에 묻히니 다만 천도를 알 수 없고 이치에 어두워서 깨닫기 어렵도다. 원근에서 부문을 듣고 누가 슬퍼하고 애석해하지 않으리요. 하물며 나는 공과 세계(世契)가 두텁고 ⑥선군(先君)의 ⑦아지(雅志)를 공이 실로 아는지라 한편의 남긴 편지 글자마다 ⑧경거(瓊琚)구나. 매양 책상에서 펴 보면 꽃바람을 접하듯 하다. 회합하기는 비로 드물었으나 연락만은 궁하지 않으셨으니 지금 이뿐이로다. ⑨청표(淸標)를 언제 볼까? 아! 내가 병이 들어 몇 해로 자리를 지고 나니 초상에도 곡을 못하고 장사에도 영결을 못하였다. 영령이 만일 알음이 있었다면 실망하여 남모르는 책망이 없으리오.

『註』

1.백악(伯樂) : 주나라때 가장 말을 잘 한 사람

2.담락(湛樂) : 주색에 빠져 마음껏 즐김

3.여독(厲毒) : 역병

4.멸성(滅性) : 자포자기

5.옥수(玉樹) : 훌륭한 사람

6.선군(先君) : 자기의 선친

7.아지(雅志) : 평소의 고상한 뜻

8.경거(瓊琚) : 아름다운 옥, 훌륭한 선물

9.청표(淸標) : 풍채가 청초하고 거동이 고상함

16. 한척장 주보(周輔)에게 제문

슬프다. 공은 곧 이 세상에 고인(古人)이라. 그의 말씀도 고인(古人)이요 그 성품도 고인(古人)이요 그의 덕행도 고인(古人)이라. 모두가 말하기를 옛 사람이라 옛 사람이라 하니 옛사람의 유풍을 공에게 보았었다. 공을 우러러 옛 도를 듣고 공을 힘입어 옛 일을 논하니 문친들도 모두 고인(古人)으로 허락한다. 하물며 또한 공의 년기(年紀)가 이미 고희를 지났으니 옛 군자의 어진 사람 오래살고 착한 사람 복 받는다는 설이 공에게 가히 징험이 된다. 옛 집의 성명은 청주(淸州)의 화벌(華閥)이라 전하고 옛 서가에 서책들은 금곡(金谷)의 처사가 설치한 것이다. 천고에 돌아오지 못할 행차를 짓게 되니 고인의 의형을 어디에서 다시 받들어 볼 것이며 고인의 말씀을 어디에서 다시 들을 수 있으리오? 상주들의 형제가 능히 그의 뒷일을 주관하고 손자들 여러 종반이 그의 업적을 또한 조명하니 옛 집의 떨어지지 않을 희망이 어찌 여기에 있지 않겠는가?

17. 자형 조공 계두(啓斗)에게 제문

공손히 생각컨대 우리 공은 예로부터 번화한 일족이라 대창부터 영천까지 이미 번성하고 빛났다. 가정이 번성하니 뉘 아니 감복하리요. 한미한 우리로서 혼인하기 원하다가 다행히 우리 누님이 존문에 시집가서 자애하신 공에게 사랑을 심히 받으셨다. 남은 덕이 소제에게도 이르러 때로 가서 뵈오면 반드시 정있고 후하게 대하시니 비록 이 어리석고 어린 것이라도 새겨듣고 간직할 것이 실로 많았다. 마음에 향기로써 묵묵히 심어두고 오래 사시기만 축원을 하였거늘 어진 사람이 장수 한다는 것은 공에게는 해당이 없는지 갑자기 병환에 별안간 돌아가시니 예제(禮祭)가 한정 있어 장사 시기 임박하니 사랑을 입었기에 감히 한 말씀 없으리까? 이에 두어 말을 적어서 천고영결하옵니다.

18. 죽은 딸 김실(金室)에게 제문

죽은 딸은 계림 김 군의 아내였고 내일 장차 땅에 들어간다 하기에 네가 병들 때 생각한 바로써 약간의 음식을 너의 어머니가 장만하여 보냈다. 너의 아비 와서 우니 슬프고 원통하다. 네가 과연 죽었는가? 일백 번 생각해도 죽은 마음 전연 없다. 곱고 고운 얼굴 모양 낭낭한 말소리가 눈과 귀가 닿는 곳에 어디 가도 있구나. 뜰에 보면 뜰에 서고 방아소리 들어보면 방아간에 소리 나고 방에서 베 짜는 듯 부엌에서 불 때는 듯 붉은 치마 채색 그림 아름답게 웃는 말이 연회석에 들리는 것 같다. 우리 집에 앉아 보아도 이와 같이 보이더니 너의 집에 와서 봐도 또한 이와 같이 보이니 과연 네가 죽었느냐? 이해 가을 생각하니 네가 와서 [①]무한정화다 라고 와서 병이 들어 무한심장 다 태우고 죽어서 돌아가니 또한 비통하고 슬픔이 끝이 없다. 참담하고 원통하다. 네가 남에게 간 지 겨우 오년이 되어 한 덩어리 혈육 두어 청년의 [②]원구(寃柩) 뒤에 [③]강보적자(襁褓赤子) 따라 가니 눈 있어 보는 사람이 눈물을 흘리지 않은 이 없다. 하물며 그의 부모 되는 사람 마음은 어떠하랴? 죽은 지 달이 넘어 김서방이 왔기로 내가 원통한 것을 물어버리라 하고 터를 잡을려고 김서방과 더불어 같이 가보니 풍수가 맞지 않아 결국 묻지 못하였다. 다만 울고 있는 철아(哲兒)만 부여잡으니 오직 너에게 원하는 것은 그가 조부모 슬하에서 잘 자라서 너의 어미 자취를 세상에 남겨두고 나에게 와서 할아비라 불러주는 것이다. 내 어찌 너의 죽음만 한하리요? 너의 어미는 참으로 죽지 않은 것이다. 장차 가려는데 이렇게 제사지내니 올 길이 막연하다. 집을 향해 가는 네가 그를 알고 먹을려나? 슬프고 원통하다.

『註』

1. 무한정화(無限情話) : 남녀간의 정담이 끝이 없음

2. 원구(寃柩) : 원통한 널 또는 원통한 상여

3. 강보적자(襁褓赤子) : 강보에 쌓인 어린아이

송파유집 제 이부-부록

송파유집권지이(松坡遺集卷之二)

제1절 만사(挽詞)

1. 김녕(金寧) 김승락(金升洛)

공은 아담하고 글을 좋아하며 고인(古人)을 배웠고
혼연히 기와 덕을 순진하게 열려주었네.
포부는 은일에 부쳐 흐르는 풍속 어기고
시례를 가정에 전하고 뭇 어짐 즐겼네.
세상에 드문 연령 되니 신선과 짝이 되고
뜰에 나오는 경사 복에 자손이 새롭네.
송음(松陰)에 늦은 가을 흰머리 노인에게
봉한 만사 한번 쓰니 슬픈 망회 자주나네.

2. 문소(聞韶) 김만희(金萬熙)

남계선생 가문 안에 우리 공 계시어서
평생에 숨어 살며 다만 몸을 삼가네.
빛나는 글은 홀로 향린만 쳐다볼 뿐 아니고
아담한 덕은 오히려 원근이 다 통했네.
학을 타는 정신은 구름 속에 저물어가고
고래를 타는 소식은 달 가운데 빗겨있네.
미생(微生)이 또한 혼인한 서열이라.
어진 상주를 울며 잡고 눈물을 뿌렸네.

3. 문생(門生) 성산(星山) 이혁표(李赫杓)

공을 따라 이웃에 접한 지 육년 여에

매일 단단하게 지나니 뜻이 자연 같았네.
마음을 미루어 남을 접하니 사이 없이 마땅하고
글을 생각하여 사람을 찾으니 허약한 듯해도 확실했네.
옳도다. 앞길에 남겨둔 빛이 있고
애석하다. 선대 유업에 글을 전하지 못했네.
슬프다. 돌아보니 모두가 허사로다
조선의 길 따라가는 옛 거리 행차하네.

4. 문소(聞韶) 김헌주(金獻周)

온 세상이 도도해도 홀로 진실 지키시니
칠순동안 무양하게 그 몸이 처음 같았네.
가정 경제 전하오니 방공(龐公)의 묘책이요
조상 규모 생각하니 범씨(范氏)의 인륜이네.
송정의 검은 장막 교화한 일 많이 있고
향교의 유림소에 여러 번 다니셨네.
상여 소리 저 멀리 사양길에 불러가니
동쪽하늘 바라보니 눈물이 수건 적시네.

『註』
1.방공(龐公) : 삼국시대의 모사, 계산에 밝은 사람
2.범씨(范氏) : 범중암(范中庵). 송대의 명재상(名宰相)

5. 전주(全州) 이기호(李起鎬)

입과 얼굴은 언제나 침묵을 지키시고
마음은 언제나 곧게 가지셨네.
세상을 피해 살며 가학(家學)을 전하시고
때에 따라서는 들농사를 권하셨네.
학당에는 덕의가 남아있고
저승길에는 유명이 갈리었네.

옛 늙은이가 이제와 다 가시니
남은 무리들은 어찌하여 길을 잃나.

제2절 제문(祭文)

1. 문생(門生) 월성(月城) 이규백(李圭白)

슬프다. 난초는 깊은 골에 나 있으면 흗지 않아도 향기를 머금고 옥은 깊은 곳에 쌓아두면 쫓지 않아도 문채를 이룬다. 공은 ①폐려(弊廬)에 사시면서 구하지 않아도 남들이 알아주니 하늘이 공을 세상에 보내심이 우연이 아님이라. 일찍이 글과 글씨에 종사하여 끝까지 ②임천(林泉)에서 늙으시니 출입하신 경력이 예법의 장소에서 넘어감이 없으시고 권면(勸勉)하신 농사일은 ③상마(桑麻)의 전원에서 넘어가지 않으셨다. 나가시면 마을에 표본 되고 들어오시면 문호에 기둥 되고 마을에 해로운 풍속 있으면 공이 문득 원리를 들어 규정을 지으시고 사람들에게 시끄러운 일 있으면 공이 반드시 순리를 가르쳐서 뉘우쳐 고치게 하니 어질면 수를 하고 착하면 복 받는다. 능히 칠순 향수에 올라서도 기력이 강건하시고 자손의 경사를 넉넉하게 받으시고 ④조양(調養)이 군색하지 않으시니 모두가 지상의 신선이라 이르셨다. 불초한 나를 돌아보면 담장을 이은 집에 살아 사제(師弟)의 의를 겸하여 조석으로 곁에서 뫼시니 ⑤명감(銘感)을 받은 것이 많았다. 공이 가르칠 일 있으시면 나 아니고 누구에게 장려하며 내가 의심나고 어려운 일 있으면 공이 아니시면 누구에게 묻겠는가? 애달프다. 내가 옹졸하여 만분의 일도 은의를 갚지 못하고 의뢰할 여유만 기약하였더니 하늘이 그냥 두지 않고 갑자기 죽게 하시니 고을에는 선사(善士)가 죽으셨고 거리에는 ⑥거인(居人)이 없어졌다. 가난한 마을 쇠잔해지면 누가 바를 수 있을 것이며 후학들의 ⑦혼우(昏愚)한 것 누가 인도할 수 있으리오? 비유컨대 강을 건너면 배가 중류에서 밧줄과 노를 망친 것 같고 기와를 덮던 집이 다 지었다고 하다가 기둥과 들보가 꺾인 것 같다. 이런 두어 가지 일을 들어보면 공의 공효(功效)는 실로 잊기 어려울 것이다. 예제(禮制)가 한정 있어 장사가 내일이라 의관이 땅에 들어가니 의형(儀形)이 점점 멀어진다. 인리(隣里)가 슬퍼하고 지구(知舊)들이 통석(痛惜)함을 가히 말하지 못하니 하물며 소자는 조석으로 가르침을 받은 자가 아닌가? 한잔으로 ⑧단전(單奠)하며 만고 영결하나이다.

『註』

1.폐려(弊廬) : 자기 집을 겸손히 일컫는 말

2.임천(林泉) : 숲과 샘, 즉 산속
3.상마(桑麻) : 누에치고 삼베 짬, 즉 농사
4.조양(調養) : 고른 양생, 즉 생활
5.명감(銘感) : 마음에 깊이 새겨 고마움을 사례(謝禮)함
6.거인(居人) : 居士, 덕망이 있는 사람
7.혼우(昏愚) : 아무것도 모르고 어리석음
8.단전(單奠) : 홀로 제사를 올림

2. 생질(甥姪) 오천(烏川) 정치철(鄭致轍)

슬프다. 옛날에 ①진강공(秦康公)이 ②진문공(晋文公)을 보내고 내가 외삼촌을 보내고 외가에 도착했나 하셨다. 인간 세상에 태어나 보낸 이별도 오히려 감탄한 자 있으련만 하물며 소자는 외삼촌을 저승에 보내고도 가난에 구애되어 장사 하던 날과 소상날 저녁에도 한번 고결을 못하고 대상에 처음 와서 울며 감히 고합니다. 존령이 꾸짖고 용서하시길 흠향합니다. 슬프고 원통하다. 예전에 우리 선군이 세상을 버리실 때 소자는 어머니의 배속에 있었으니 태어나 어머니 슬하에서 커 나갈 때 덮어주고 사랑한 분도 공이시고 불쌍히 여기신 분도 공이시다. 하물며 또한 연래에 와서 이웃에 붙어사니 보호받고 의지하여 성인이 될 때까지 모두다 공의 덕분이었다. 언행(言行)으로써 나를 경계하시고 ③가색(稼穡)으로써 나를 권하시니 나같이 천박한 자질이 사람 되는 방향을 대략 아는 것은 외삼촌의 교회하신 가운데서 나오지 않은 것이 없다. 하늘이 빌려주어 강릉(崗陵)같은 ④하수(遐壽)를 향수하신다면 만분지일이라도 보은할까 기약을 하였더니 어찌할 고? 조물이 시기하는 가 공도가 무사한가. 뜻밖에 높은 병환이 갑자기 천고의 영결을 지으시니 과연 이것이 인사던가. 물 위에 거품 같고 바람 앞에 등불 같다. 슬프다. 소자의 오늘 울음은 곧 사사로운 울음이라 저승에서 공이 우리 선군과 더불어 이승에서 못다 한 회포를 펴시다가 철(轍)이 말을 하실 때에 쌓여오던 애긍(哀矜)한 모습이라 하실련 가. 가슴에 맺힌 한을 다시 쓰기 어려워서 거친 말과 엷은 음식으로 대략 작은 정성을 다합니다. 불매하신 영령은 흠향하여 주옵소서.

『註』
1.진강공(秦康公) : 춘추시대 사람
2.진문공(晋文公) : 춘추시대 五霸中 一人
3.가색(稼穡) : 곡식농사
4.하수(遐壽) : 보통 사람이상으로 오래 삶

3. 월성(月城) 김태규(金台奎)

슬프다. 성인이 훈계하여 말씀하시기를 훌륭하다. 옛사람 옛사람이여! 하시니 사람이 알든 모르든 훌륭하다 하신 것은 바로 오늘날 공을 말한 것이다. 공이 옛사람을 좋아하여 옛사람의 글을 읽고 옛사람의 일을 행하여 일생동안에 행지가 옛사람의 범위에 넘어나지 않으시니 한 옛 글자가 호신하는 병부가 되었다. 가도 허물이 없고 오면 칭찬이 있는 바요 사람의 존앙(尊仰)을 받는 바가 대개 이것이다. 슬프다. 세상에 액운이 내려와서 [1]현황(玄黃)이 위치가 바뀌었다. 소위 학문에 종사한다는 자가 허다히 세속의 변오(變汚)를 따라가도 공은 홀로 세한(歲寒)에 송백(松栢)의 절개를 지키시니 공과 같은 분은 옛날에도 그런 사람은 어려웠고 지금 얻어 보지 못할 것이다. 슬프다. 공과 우리 두 집은 이미 [2]동묘(同廟)의 [3]선의(先誼)가 있고 우리 어머님이 공의 생질녀가 되어 귀댁에서 나서 자라시어 특히 돌보시고 애휼하신 혜택을 입으시어 항상 소자를 대하시면 지난 일을 말씀하셨다. 공의 대상날 까지 모씨(母氏)가 시켜 내가 늦게 곡한 것은 공도 또한 알 것이다. 모씨(母氏)의 시킨 명령으로 곡을 하니 저승에서도 옛날을 생각하신 눈물이 심상치 않을 것이요 참지 못할 것이 있으리다. 슬프다. 일월이 상가 집을 재촉하여 대상이 다가와서 감히 보잘 것 없는 제수를 장만하여 가슴에 찬 회포를 배웁니다. 불매하신 존령은 이 소자의 정을 보시고 흠향하여 주옵소서.

『註』

1.현황(玄黃) : 하늘과 땅

2.동묘(同廟) : 같은 사당, 고천서원 십현묘(十賢廟)를 이름

3.선의(先誼) : 선대의 世誼

4. 문생(門生) 중표질(重表姪) 성산(星山) 이영표(李榮杓)

슬프다. 공의 진정한 덕행을 소자가 어찌 감히 [1]찬술하리요. 소자가 평일에 귀로 듣고 눈으로 보던 공의 평소 하신 일을 흡족하게 다 하려면 말을 없애려 하여도 스스로 쉽지 않을 것이다. 슬프다. 공은 선고의 고종이라 친척의 정의가 예전에도 부족하지 않았건만 하물며 또한 이웃 정분 좋았을까. 내가 어려서 외로우니 의지 없는 나를 애휼하시어 어루만지고 사랑해주시고 내가 커서 성장하니 [2]몽미(矇迷)한 나를 애긍하시어 열어주고 가르치셨다. [3]전적(典籍)의 글귀를 풀어보라고 귀를 당겨 명령하고 글자 획수 쓰는 법을 손을 잡고 팔을 끄니 나같이 둔하고 막힌 자가 공이 아니었으면 목석같은 밀 사람에 그칠 것을 어(魚)자와 노(魯)자의 분별을 대강 알게 되니 이 누구의 공이리까? 그러나 본시 자질이 천박하여 비록 공의 [4]도견(陶甄)하신 근고를 외람하게 배었

으나 결국 ⑤오하지몽(吳下之蒙)을 면치 못하오니 공에게 지은 죄는 다시 종이 될지라도 다하지 못하리라. 슬프다. 하늘이 사정없이 나의 사랑을 뺏어 가니 어두운 길 진흙 속에 갈팡질팡 어디로 돌아갈고? 애석한 정은 문득 어린아이가 젖을 잃은 것과 같다. 슬프다. 일월이 머물지 않아 어언간에 중상이 닥쳐와서 맑은 술 한잔과 거친 말 두어 줄로 ⑥여재지하(如在之下)에 와서 우니 흠향하여 주옵소서.

『註』

1.찬술(撰述) : 학문이나 문예에 관한 책이나 글을 씀

2.몽미(矇迷) : 어둡고 모름

3.전적(典籍) : 서적, 사서삼경등 書

4.도견(陶甄) : 질그릇과 기와 만드는 공력, 인격을 다듬는데 씀

5.오하지몽(吳下之蒙) : 몇 해를 지나도 진취가 없음, 삼국지의 고사

6.여재지하(如在之下) : 신명이 있는 같은 아래, 중용에 나오는 말

5. 문생(門生)월성(月城) 이규만(李圭萬)

공의 ①역책(易簀)하신지가 어제같이 생각되는데 그간 세월을 고람하니 거의 십이갑자(十二甲子)가 지나갔다. 일찍이 몸시 오래되지도 않으니 자연히 염을 하고 빈소를 지을 때와 같은 것은 어찌한 일인고? ②심상삼년(心喪三年)의 뜻을 이로써 가히 알겠다. 또한 어린 것이 어른에게 제문하지 않는다는 훈계에 구애되어 단연코 행하지 않으려 하다가 돌이켜 생각하니 만일 훈계에 구애되어 끝내 한말이 없었다가 소자가 다른 날에 지하에서 뫼시게 되면 장차 무슨 말로 대하리까? 만분의 일이라도 대략 진술하면 그를 과연 조용히 용서 하실는지.

슬프다. 소자는 어릴 적부터 빗자루를 잡고 십여 년 지금까지 스승님의 온아(溫雅)하신 성품과 관후(寬厚)하신 도량으로 ③조매(早昧)하다 버리지 않으시고 일에 따라 교도(敎導)하시며 놀고 희롱하는 것은 ④방일(放逸)하다 금하시고 외우고 연습하는 것은 근독(勤篤)하라 권하시며 진퇴(進退)하고 ⑤주선(周旋)하며 읍양(揖讓)하고 동정(動靜)하니 시키시는 일이 바르게 나오지 않은 것이 없었다. 소자가 자질이 완악하고 노둔하여 만분의 일도 본받지 못하고 한갓 백년동안이라도 이와 같이 하실 것만 믿었더니 하늘이 그냥 두지 아니하고 뜻밖에 한 병환으로 마침내 죽음에 이르시니 소자로 하여금 수족을 열어보고 마치 따를 수 없는 통곡을 안게 하고 ⑥의형(儀形)이 길이 막히니 깨우쳐주심은 비길 길이 없다. 애달프다. 소자는 어느 곳에서 다시 고덕(考德)하오리까? 이것이 실성장호(失聲長號)할 바이고 통곡하옵니다.

『註』

1.역책(易簀) : 덕이 있고 어진이의 죽음

2.심상삼년(心喪三年) : 제자가 선생에 대한 복

3.조매(早昧) : 하등인의 몽매

4.방일(放逸) : 제멋대로 난동 부리고 함부로 놂

5.주선(周旋) : 일이 잘되도록 힘을 써서 변통하는 일

6.의형(儀形) : 의용 행동과 모양

6. 문생(門生) 중표질(重表姪) 성산(星山) 이우표(李禹杓)

슬프다. 우는 자는 슬픔을 발하고 슬픈 자는 정의를 느낀다. 슬픔이 심해서 울음이 아프나니 영령은 반드시 소자의 울음에 감동이 있으리다. 슬프다. 공은 ①선고(先考)의 고종형이라 대대로 한 마을에 사시면서 서로가 잘하기를 비할 곳이 없으셨다. 근심이 있으시면 다함께 근심하고 즐거운 일 있으시면 다 같이 즐겨 하사 두 집이 상애(相愛)하는 도는 가히 이성동실(異姓同室)이였다. 슬프다. 소자 나이 열세살에 공의 문에 폐백 드려 가르치고 명령하사 둔재라 채찍질을 않으시고 자리 곁에 그냥 두고 조석으로 훈계하고 경계할 세 수신(修身)하고 제행(制行)하는 과목에 넘지 않으시니 비록 학은 능치 못하여도 사람 되는 방법은 대충 아니 공의 주신 바가 아님이 없다. 천지간에 둘러보니 공의 덕을 이으려면 산은 높고 바다는 깊다. 길흉이 서로 얽혀 선고가 세상을 버리시고 얼마 되지 않아 공이 또한 따라서 선화하시니 또한 혹시 이 세상에서 다하지 못한 정회를 다시 저승에 내려가서 이으려 하심인가? 공을 울며 생각하니 부친 감정 새로 나고 부친을 생각하니 공에 대한 감정에 눈물이 배나 간절하다. 잊으려 하여도 잊지 못하겠고 말하고자 하니 눈물이 먼저 난다. 일생에 슬픈 감정 죽은 후에 그만이다. 슬픈 나 소자는 생활에 구애되어 군색한 길을 찾아 처가에 우거한지 벌써 십여 년이 되었다. 이로부터 지난 날 걸음이 점점 떠서 자주 곁에서 뫼시지 못했으니 우리 선고와 강세하시던 후의를 저버렸다. 오늘 저녁 소자가 추모하는 감정을 다시 어찌 감당하오리까? 슬프다. 일문이 그의 인(仁)을 칭찬하고 사방이 그의 덕을 입었다. 공이 평소에 쌓아둔 공력이 여기서 가히 징험이 되고 아들 네 사람이 있으니 재주가 상록수라 선대의 하던 일에 흠이 없고 앞날의 창대함은 계약 하듯 가히 기대된다. 곧 공의 적선하신 경사가 여기에 있지 않으리까? 슬프다. 세월이 빨리 가서 가신 날이 다시 돌아오니 보잘것없는 재주나마 대략 작은 정성을 드립니다. 엎드려 비옵건대 존령께서는 흠향하여 주옵소서.

『註』

1.선고(先考) : 돌아가신 아버지

7. 문소(聞韶) 김양희(金亮熙)

아! 생각하건대 우리 공은 지조(志操)가 보통 사람과 달라 남에게 추중을 받으셨다. 춘추사기를 가죽 상자에 감추시고 세상과 더불어 편안한 듯 하셨다. 일찍이 ①한묵(翰墨)을 업을 하시고 늦게는 농사짓는데 낙을 두시었고 ②분구(賁邱)에 폐백을 드리고 전야(田野)를 갈고 거두었다. 나의 문장을 수렴하시고 세속에 진화를 따르셨다. 시비(是非)에 간여함이 없으시니 ③훼예(毁譽)할이 뉘 있으리요. 입으로 ④자황(雌黃)한 일 없으시고 화려한 일 거둬 넣고 확실함만 두시었고 시례(詩禮)로 음식 삼고 인자(仁慈)로 의복 삼으니 험악한 이 세상이 공과 함께 짝이 된다. 아! 나의 딸이 곧 공의 자부였으니 한미에서 생장하여 단정치 못하고 스스로 어린 것이 시집간 이래로 지공할 근심에 편치 못하였더니 공의 지극한 사랑에 힘입어 도리어 칭찬을 입게 되니 들려오는 소문이나 감회가 새겨지고 나의 백 벗보다 훌륭하다. 공에게 바다처럼 천백년 사시라고 축원하고 하늘에게 명을 믿고 그의 덕을 바르게 하였다. 인자필수(仁者必壽)라는 옛사람의 말이 있더니 공을 알고 이름이로다. 백가지 가운데서 한 가지 흠도 없으니 하늘이 아는구나. 공을 반석(盤石)같이 믿었는데 슬프고 서럽도다. 어찌 가십니까? 뜻밖에 높은 병환 믿은 것도 허사되고 편작 침도 효력 없다. ⑤전영(奠楹)이 어찌 극하신고? 과연 이것이 인세(人世)던가. 바람에 등불이요 물위에 거품이라 예제(禮制)가 달이 넘어 상여가 출발한다. 넉자의 무덤 되니 만사가 허사로다. 한잔 술 냉전으로 천고 영결하나이다.

『註』

1.한묵(翰墨) : 문한과 필묵. 문필을 이르는 말

2.분구(賁邱) : 책을 쌓아둔 곳. 글방 또는 책방

3.훼예(毁譽) : 남을 비방하거나 칭찬함

4.자황(雌黃) : 생각나는 대로 말함

5.전영(奠楹) : 제사에 제물을 벌여 놓은 상

8. 문소(聞韶) 김진호(金鎭浩)

슬프다. 오늘 저녁에 통곡하는 사람이 다만 하나 둘이 아닐 것이다. 어찌 말로 다할 것이며 통곡을 어찌 그칠 수 있으리오. 공은 남계 선생의 후예로서 가정에서 이어 받으시어 덕이 넉넉하고 학식이 넓으셨다. 과거를 공부하시다가 여러 번 낙방의 눈물을 뿌리시고 임천(林泉)에서 늙으셨다. 고을에서 날카로운 천거가 없어 결국 한 처사로서 마치셨다. 이것이 내가 공을 위하여 통곡하는 곳이 되었다. 백수(白首) 우리 누님이 여윈 허리에 상복을 두르고 늙은 눈에 눈물을 흘리면서 하시는 말씀이 나는 어찌 공과 함께 죽지 아니 하는고 하시니 비록 옛날 ①기처(杞妻)의 슬픔이나 정경을 차마 보지 못하겠다. 지금까지 대접하지 않으시고 호연히 알지 못하게 영원히 가시오니 이것이 내가 누님을 위하여 통곡하는 곳이 되었다. 또한 공의 집을 생각하니 또 동량(棟樑)이 이미 꺾이어서 현조(賢祖)들의 서업(緖業)을 그 누가 이어가리오? 거리에 거인(居人)이 없어지니 사우(士友)들의 대접을 그 누가 주장할까? 이것은 내가 공의 집을 위하여 통곡하는 바가 되었네. ②불녕(不佞)을 돌아보고 생각하면 사는 곳은 멀지 않아도 자주 가서 뵈옵고 앙모(仰慕)하는 정을 다하지 못하고 빨리 여기에 이르게 되니 이것은 나의 통석(痛惜)되는 바이다. 슬프다. 착한 사람 복을 주고 악한 사람 화를 줌은 하늘의 도일 것이다. 상주들 사형제가 치산(治產)에 부지런하고 행기(行己)에 검소하여 원근이 칭찬을 하니 공의 집이 창대(昌大)을 뵈옵고 능히 ③옹서(翁壻)의 정을 다할 것입니다. 말씀을 하시다가 이 한이의 세상에 붙어 있는 정경을 전하시련가. 말이 여기에 미쳐 생각하니 불각 중에 실성통곡 하옵니다. 슬프다. 오늘 저녁에 차가운 술 한 잔이 장차 남매간에 천고 영결의 술이 되니 어찌 와서 흠향하지 않으리까?

『註』

1.기처(杞妻) : 춘추시대 화주기량이 전사 하였는데 그 아내가 슬피 울자 성이 무너졌다는데서 나온 고사

2.불녕(不佞) : 자기의 겸사

3.옹서(翁壻) : 장인과 사위

9. 문소(聞韶) 김재연(金在淵)

슬프다. 서러운 내가 죄가 중하여 하늘이 돌아보고 애휼하지 아니하여 ①친상(親詳)을 겨우 지나서 눈물도 마르지 아니한데 공의 상사가 또 닥쳐서 눈물로써 눈물을 보태니 더욱 정을 정하지 못하겠습니다. 예전에 우리 아버지가 공이 계실 때에 오직 ②사의(査誼)가 간절할 뿐 아니라 겸하여 지기(志氣)와 취미(臭味)가 서로 합하셨다. 자주 내왕하실 때에 만나지 않으시면 글을 써서 보내시고 글을 쓰지 않으시면 만나시어 의심난 일 물으시고 급한 일은 서로 주선을 하시었다. 우리 아버님 말씀하시기를 금세의 고인은 오직 우리 사돈 한분뿐이라 하시었다. 그 때에 내 나이 어렸고 아버님 곁에 있어 아버님 말씀 들었다. 슬프다. 공이 죽으신 후에 일 년이 아니되어 우리 아버님 또한 세상을 버리시니 우리 두 집의 액운은 이미 가히 말할 수 없다. 슬프고 외로워 여생(餘生)들은 과연 어디를 믿고 어디를 의지하여 천지간에 잔명을 보전하오리까? 처음 난 곳에 돌아감은 사생의 일리였다. 알지는 못하지만 저승에 내려가서 우리 아버지와 더불어 평소같이 즐기시며 전생에 못 다하신 정을 다하시면서 불초(不肖)의 외로운 정상을 말씀하시는가? 슬프다. 애달픈

내가 이 울음이 다만 공을 위해 우는 것만이 아니고 또한 나의 사정에도 우는 것입니다. 두 가지로 우는 오늘 저녁에 눈물이 나서 잔을 넘치게 합니다. 공손히 비옵건대 존령께서는 나의 정의를 애긍하시고 나의 술잔을 흠향하옵소서.

『註』

1.친상(親詳) : 아버지의 小大詳

2.사의(査誼) : 사돈간의 정의

10. 창녕(昌寧) 조병두(曺秉斗)

슬프다. 우리 공은 월성(月城)의 ①구벌(舊閥)이요 영천의 ②화문(華門)이라 천품이 후중(厚重)하시고 ③풍미(風味)가 진순(眞醇)하시어 내 몸을 행할 때나 남들을 접할 때나 사이를 두지 않으시니 문중에는 기둥 되고 향중에는 원로셨다. 착한 사람 복을 주고 어진 사람 도와줌은 하늘도 참으로 다하기 어렵도다. 반세동안은 풍유하였으나 늦은 나이에는 상처가 있으셨으니 ④중청증(重聽症)은 무슨 일인고? 옳고 그름 다 구별하고 세상일에 귀 어둡고 의리에는 귀 밝으시다. 모든 자제들이 어질고 효도하여 가정을 잘 이으니 형제들의 현철함을 사람들이 겁을 내고 귀신이 시기하였나 같은 해 지날 동안 두 집이 동일한 화를 입었도다. 우리 할머니 돌아가서 제부(諸父)들이 여막에 계시는데 공이 이어서 돌아가시니 슬픈 감정을 어디 가서 다 하리요. 집에 연고가 층층이 생겨나서 위문을 빨리 못하여 초상이며 장사에도 일곡을 못했으니 안으로 돌아보면 의리에 죄를 지었다. 동쪽을 바라보며 한숨만 쉬다가 일월이 쉬지 않아 ⑤상기(祥期)가 닥쳐와서 한 잔의 엷은 술로 대략⑥충곡(衷曲)을 펴나이다.

『註』

1.구벌(舊閥) : 오랜 가문

2.화문(華門) : 빛나는 가문

3.풍미(風味) : 풍채와 취미

4.중청증(重聽症) : 귀 어두운 증세

5.상기(祥期) : 제삿날

6.충곡(衷曲) : 속마음

11. 문생(門生) 성산(星山) 이혁표(李赫杓)

슬프다. 우리 공은 시례(詩禮)의 가정에서 태어나시고 충효(忠孝)의 문중에 자라서 가법(家法)을 이어 받으시니 자질이 온유(溫柔)하시고 덕행이 관후(寬厚)하시며 언론이 아담하시고 행지가 순수하시며 처사가 자상하시고 그의 접인(接人)이 ①관곡(款曲)하시니 대추란 옛 마을에 사람 있다 말하였다. 나는 오직 경주의 북쪽에 우거하여 일분도 용의(容儀)를 뵈 온 일 없었더니 정해년 어느 달에 다행히 이웃할 때가 있어 책을 지고 가서 뛰어나고 자상하신 말씀을 얻어들어 다행히 버림받는 실수에 이르지 아니하니 누구의 주심이리요. 슬프다. 하늘이 그냥 두지 아니하니 운명을 어쩔 수는 없으나 고루(孤陋)하고 무상(無狀)한 것이 갈팡질팡 어디로 돌아갈고? 다만 외롭고 어두운 길 진흙 속에 사람이 되었을 뿐입니다. 가히 위로를 드릴 바는 상주 형제들이 선대의 업적을 무너뜨리지 않을듯하니 공의 적선하신 ②여경(餘慶)이 여기에서 가히 징험되옵니다. 슬프다. 일월이 머물지 아니하여 ③철연(撤筵)때가 다가와서 거친 말과 적은 제물로 밝으신 영령아래 와서 우니 정은 넘치고 말은 줄어드니 이 어찌 심곡(心曲)을 흡족하게 다했다고 이르리까?

『註』

1.관곡(款曲) : 매우 정답고 친절함

2.여경(餘慶) : 남에게 좋은 일을 많이 한 보답으로 뒷날 그 자손이 받는 경사

3.철연(撤筵) : 撤殯 즉 대상 때

12. 오천(烏川) 정진용(鄭鎭鎔)

아! 생각컨대 우리 공은 월성의 ①화족(華族)이요 ②잠영(簪纓)의 옛집이라. ③명공거경(名公巨卿)의 높으신 훈작과 큰 덕행으로 나아가면 국가에 주석(柱石)되고 물러나면 사림(士林)의 영수(領袖)되신 분이 손가락으로 다 꼽지 못하겠다. 공도 또한 무반으로 일어나서 ④선군자(先君子)에게 수학하셨으니 부지런히 하라고 독려를 받지 않아도 힘써 공부하여 날이 가고 달이 가서 ⑤지학(志學)의 나이가 되어서는 문명(文名)이 ⑥향적(鄕籍)에 기록되었다. 들어오면 효도하고 나가면 공손하여 선비의 본원을 다하시고 문장 외에 다른 일은 범연히 지나보고 과거 공부에는 뜻이 없었다가 친구의 권유와 부모의 영화를 잊지 못하여 늦게 과거 공부에 힘썼으나 마침내 뜻을 이루지 못하고 낙방의 눈물을 뿌리시니 많은 선비들이 공을 애석하게 여기셨다. 공에게 어찌 감손(減損)이 있으리까? ⑦팔자명정(八字銘旌)에 처사 호(處士 號)는 실로 사자(士子)의 분수에 부끄러움은 없는 것이다. 나를 돌아보면 존문(尊門)에 장가들어 사랑을 많이 받고 ⑧송단(松壇)에 바람 쉬고 ⑨추계(秋溪)에 목욕하며 공을 따라 즐겨 놀 때 백년이 앞에 있다 스스로 일렀거늘 하늘이

무정하사 뜻밖에 병환으로 좋은 약효를 바랐지만 결국 저승 영결을 짓게 되었다. 칠십 향수 하셨으니 인세에 무슨 유감이 있겠나마는 다만 죽기 전에 막내아들이 총각이고 손자 사랑을 안아 보지 못한 한이 지하에서 눈을 감지 못할 듯하다. 만년유택을 선부군의 묘 오른편에 잡았으니 신리(神理)와 인정이 천사께서 합친 듯 하나이다. 두어줄 글과 한잔 술로 대략 잘은 정성을 베푸오니 만가지를 다 빼고 한 가지가 걸립니다.

『註』

1.화족(華族) : 지체가 높은 사람이나 나라에 공훈이 있는 사람의 집안과 그 자손들
2.잠영(簪纓) : 높은 벼슬아치
3.명공거경(名公巨卿) : 이름난 공경대부
4.선군자(先君子) : 남의 죽은 부친
5.지학(志學) : 지학의 나이, 15세 이상
6.향적(鄕籍) : 고을에 기록되는 것
7.팔자명정(八字銘旌) : 처사의 호. 명정(죽은 사람의 관직과 성씨등을 적은 기)쓸 때 처사라고 씀
8.송단(松壇) : 송정(松亭)
9.추계(秋溪) : 추곡의 계천

13. 아주(鵝洲) 신도식(申道植)

슬프다. 소자는 어리석은 한 후생으로 젊은이가 어른에게 제문하지 않는 것은 예에 정론이 있어 감히 공의 ①행의(行誼)를 저술하지 못합니다. 그러나 귀로 듣고 눈으로 목격하니 공이 평소의 계신 날에 자별함이 있는지라 곧 인정이 이른 바를 능히 용납하고 그만두지 못합니다. 공은 옛집에 태어나시어 여교(餘敎)를 깊이 생각하시고 드디어 조예를 이루었다. 덕행을 쌓으시고 문장을 발하시며 가정에 처하셔 일가 화목하고 사람을 대접하고 이웃을 사귀시니 누구 ②대방(大方)의 유래하는 모범이라 말하지 않으리요. 하물며 또한 ③자고(子固)의 박학을 가히 사랑하시고 안경(安卿)의 독학을 옳게 여기시니 또한 족히 후생들의 사표가 되시었다. 미열한 나로서 고문(高門)곁에 우접하여 공의 문중에 데릴 사위된 정으로 공이 마음을 후하게 주니 보면 즐겁고 못 보면 생각나며 나의 외롭게 우거함을 위로해 주시고 나의 빈한함을 무휼해 주시고 한가하면 무릎을 마주대고 간곡한 정을 쓰시니 대한 후에 양춘이 찾아 온 듯하고 손을 잡고 자상하게 가르치니 가뭄 끝에 단비가 흡족하게 온 것 같다. 소자가 비록 무사하나 새겨듣고 느껴서 가지며 백세동안 의앙할 수 있도록 가만히 빌었는데 어찌 하오리까? 천도가 무심하여 온전한 복을 온향하지 못하시고 노경(老境)에 중청증과 막내아들 장가 못 보낸 한과 손자를 안아보지 못한 탄식이 공의 수선(修善)에 흠이 있는 듯하옵니다. 갑자기 승화(乘化)하시니 나와 같이 고루한 것은 어디를 따라 덕을 생

각하리오. 철연(撥筵)지나 새벽이 되니 소자의 따라 가지 못하는 통한을 어이 하오리까? 거친 말 적은 전으로 가슴속에 회포를 울면서 다하오니 밝으신 존령은 흠향하여 주옵소서.

『註』

1.행의(行誼) : 품행과 도의

2.대방(大方) : 어떤 분야에 아주 뛰어난 사람으로 인정받으며 영향을 미치는 사람

3.자고(子固) : 문장가. 증공

14. 내질(内姪) 오천(烏川) 정치식(鄭致軾)

슬프다. 소자가 공을 곡할 때 어찌 곡 하리오 사사로운 정으로 울려 하면 세상에 얼마든지 많으리다. 어머님께 살 받은 자 누가 외삼촌이 없으리오 마는 어찌 공과 나와 같은 처지가 있으리요. 슬프다. 소자는 일찍이 아버지를 여의고 의지 없이 어머님만 뫼시고 떠다닐 때 내가 직계에 사니 공이 북에서 오시고 내가 심곡에 사니 공이 남으로 부터 오셔서 나를 사랑하고 어루만지며 가르치고 시키시니 친부형과 친 자제 같았다. 언행(言行)으로 경계하시고 농상(農桑)으로 권고하시어 몇 번이나 바닥난 가업을 회복하시었다. 아! 나 는 운명이 원수라서 멀리 외방에 우거하니 능히 항상 떳떳하게 계시는 곁에 가서 뵈옵지도 못하였으니 이것이 소자의 구차한 가난의 소치가 아닐 수 없습니다. 고향 생각이 날로 더욱 깊어지고 고향에 다시 돌아가서 공과 더불어 이웃에 접하여서 전일에 미진한 교회도 받고 아침이나 저녁이나 ①거공(駏蛩)같이 의지하고 ②위현(韋絃)같이 보호하며 나는 공을 엄부(嚴父)같이 보고 공은 나를 친자같이 보신다면 소자 비록 불민하나 감복할 일이 깊으리라 했거늘 오래 사시기를 축원하면서 만분의 일이라도 보답할까 바랐더니 어찌 하오리까? 조물이 시기가 많아 갑자기 세상을 떠나시니 명이야 어쩔 수 없지만 나는 장차 어디에 의지하오리까? 애달픈 이 무상은 문득 어린아이가 젖을 잃은 것과 같습니다. 상주들이 현철하여 뜻을 잇고 일을 하여 선업(先業)을 떨어뜨리지 않을 것입니다. 이것이 가히 공을 위로할 것이고 끝에 아들 미혼과 손자를 안아보지 못한 것은 지하에서도 눈을 감지 못하리다. 다행히 지난 겨울 다음 아들이 장부 남아를 얻으니 ③기억(岐嶷)하고 준수(俊秀)하여 다른 날에 성취할 일이 가히 기대되니 공은 반드시 지하에서나마 한을 풀 것입니다. 주역에 하늘로부터 도움을 받으면 길하고 불리한 일 없다하니 진실로 허언이 아닌 것을 깨달았읍니다. 시간이 빨리 가서 길게 끌지 못하고 여기에서 그치고 물러갑니다. 불매하신 존령은 소자의 정을 기억하시고 많이 흠향하옵소서.

『註』

1.거공(駏蛩) : 거허와 공공이란 짐승, 암수가 꼭 붙어 다닌다함.

2.위현(韋絃) : 부드러운 가죽과 팽팽한 활시위. 자기의 성질을 고치는 경계의 표지로 삼음.

3.기억(岐嶷) : 뛰어나게 영리함. 어릴 때 부터 재질이 보임.

15. 경주(慶州) 김성상(金成祥)

공손히 생각컨대 우리 공은 ①범륜(凡倫)에 멀리 나왔다. 기국(氣局)이 관홍(寬洪)하시고 성도(性度)가 온순하시고 방안에 책이 가득하고 농상(農桑)이 많으셨다. 세상에 결함되어 일찍이 ②명장(名場)에 떨어지니 시골에서 남은 날을 송죽 속에 부치시고 일을 하시다가 여가가 계시면 또한 시 상자를 부치셨다. ③리정(鯉庭)을 돌아보면 사형제가 훌륭하니 사람의 집에 남은 경사가 진실로 여기에 있습니다. ④전열(湔劣)한 나를 돌아보면 외람되게 약간의 친분이 있고 ⑤이사(二舍)의 거리에서 두 집이 좋아하여 내가 가고 공이 오며 정의를 토로하였다. 어찌 이날을 알리요? 천고영결(千古永訣)할 것을 부고가 빨리 오니 천리를 측량할 수 없다. 초상에도 장사에도 오히려 일곡(一哭)을 빠뜨리고 세월이 바뀌어서 묘에 풀이 이미 잠을 잤다. 두어 줄 거친 말로 대략 ⑥충곡(衷曲)을 베푸니 영령께서 알음이 계시거든 흠향하여 주소서.

『註』

1.범륜(凡倫) : 보통 사람의 인륜

2.명장(名場) : 이름 거는 장소. 과장(科場)

3.리정(鯉庭) : 자식들. 공자의 아들 鯉가 趨而過庭에서 인용

4.전열(湔劣) : 옹졸한 것을 씻을려고 애쓰는 사람

5.이사(二舍) : 육십 리

6.충곡(衷曲) : 간절하고 애틋한 마음 속

16. 외생(外甥) 김녕(金寧) 김중락(金仲洛)

슬프다. 젊은이가 어른에 제문하지 않는다는 말이 예문(禮文)에 있으니 어찌 감히 공의 평소 실행을 말할 수 있으리오 마는 대략 정곡(情曲)을 다하여 이목(耳目)으로 보던 바를 표하겠습니다. 슬프다. 소자는 어릴 때 문득 ①정호(庭怙)를 잃었으니 의지하고 존경할 이 없었는데 다행히 공이 ②고로여생(孤露餘生)을 사랑으로 보셨다. 기량(技倆)있어 송서를(送序)하니 모시는 데 조금의 두려움도 없어 공의 옹해(甕薤)의 수(壽)를 축원해서 만분의 일이라도 갚기를 기원 했건만 소자 복이 없어 저승에서 혹독히 내가 모시는 공마저 데려가시니 애통하는 마음이 죽은 어머니를 잃은 것과 같다. 이제 장님이 지팡이를 두드리며 어두운 곳을 가는 것 같으니 누가 나를 인도해 주겠는가? 세상이 어지러워 ③육륜(六倫) 뒤섞여 ④수제조적(獸蹄鳥跡)하니 나라 안 사귐이 구

멍 난 배에 있는 생명이라 물과 불의 가운데 간신히 숨 쉬고 있는 것 같다. 어찌 사공을 조수삼아 백성들을 인수(仁壽)의 땅으로 건너가게 하지 않겠는가? ⑤풍조(風潮)의 고통을 보니 ⑥생숙(生熟)으로써 미연에 낌새를 알아차리는 것 같아 잠시 조화의 수레를 탔다가 생명이 다 하는 대로 돌아가는 것인가? 오늘 저녁 원근(遠近)에서 지구(知舊)들이 와서 곡하며 모두 말하기를 공은 근심 없고 어질었으니 소자의 사사로운 마음에 어찌 가히 이를 편하게 해서 소홀히 하리요? 위로하는 바는 불쌍한 자손들이니 이들을 착한 길로 인도해 가업을 이어받아 선현에 의지하면 복을 받고 선하면 하늘의 도를 징험 할 수 있을 것이다. ⑦박전(薄奠)을 올려 가슴속의 회포를 푸니 불매한 존령은 흠향하여 주옵소서.

『註』

1.정호(庭怙) : 아버지

2.고로여생(孤露餘生) : 어려서 부모를 잃은 사람

3.육륜(六倫) : 오륜에서 兆民有和를 더한 것

4.수제조적(獸蹄鳥跡) : 짐승의 굽과 새의 발자취. 세상이 매우 어지러움

5.풍조(風潮) : 바람과 조수. 시대에 따라 변하는 세대

6.생숙(生熟) : 날 것과 익은 것

7.박전(薄奠) : 변변치 못한 공물

17. 계림 김문희(金文熙)

슬프다. 우리 공은 겸소함으로 자신을 지키고 남을 대할 때는 반드시 공경하고 책으로 배우시고 농사로 밭을 가시니 일생을 구원(邱園)에서 태연히 거하시는 한옹(閒翁)이셨다. 사방이 갖추어 ①분연(分鼎)되니 어진 사람이 장수하고 복을 받는 것 또한 끝없이 이어진다. ②불녕(不佞)은 공에게 ③선의(先誼) 있어 또한 냇가 집에 있었으니 십현(十賢)의 유지(遺址)가 그 자손을 위한 것이었다. 누가 추모하지 않겠는가? 공은 평상시 매번 불후(不後)의 때에 모여 우리 문중에 이르러 기약은 않으셔도 항상 있으시고 정의(情意)가 충분하여 마음에 숨기지 않으셨다. 십리(十里) 개천과 고개를 일 년에 몇 차례씩 걸음하며 많고 적은 일에 돌봐주셨으니 감격하고 고마운 심정을 지금 어찌 다 헤아리겠습니까? 공이 빨리 가시니 어디를 의지하고 우러르며 다시 어찌 상고하여 질문하오리까? ④백계(白鷄)가 꿈에 들어 ⑤청오(青烏)가 점을 고하였다. 한잔 술로 친숙한 정을 풀려하니 두 눈에 눈물이 함쳐 떨어집니다. 엎드려 비옵건대 존령께서는 흠향하여 주옵소서.

『註』

1.분연(分鼎) : 살림을 나눔

2.불녕(不佞) : 재주 없음. 자기의 겸사

3.선의(先誼) : 선대의 인연

4.백계(白鷄夢) : 자신이 죽을 것을 안다는 뜻으로 분수에 맞게 처신함

5.청오(靑烏) : 하늘에서 내려온 지사

18. 생질(甥姪) 창녕(昌寧) 조유복(曺裕復)

슬프다. 옛날 우리 ①모씨(母氏)가 일찍이 소자에게 ②참연(慘然)하게 일러 말씀하시기를 나는 명도가 많이 천박하여 너의 집에 들어와서 몇 해 안되 초라한 집에서 ③붕성지통(崩城之痛)을 만나고 또한 한 점 혈육도 없이 홀로 인간 세상에 기탁하니 나와 같은 ④잔명(殘命)이 이미 같은 날에 땅속에 들어가지 못하였으니 ⑤사후(嗣后)를 잇고 끊는 것은 이것이 너의 책임이다. 모든 조카들을 둘러보니 너 밖에 다른 사람이 없는 고로 너를 취하여 아들을 삼았다. 너는 그를 공경히 들어보라. 너의 집이 복이 엷어 ⑥상척(喪慽)을 연해 당한 나머지 세 집의 사세가 모두 다 떨어질 지경이라. 그런 고로 부득이 너를 데려다가 외가에 가서 있게 하였다. 오늘 날 붓 잡고 보호되고 부지하는 것은 다 너의 외삼촌의 덕이니라. 옷 입고 밥 먹는 것도 또한 너의 외삼촌의 힘이었다. 이로 본다면 만일 너의 외삼촌이 없었다면 너의 집이 없었으리라. 너는 오직 내 말을 체념하고 특별히 막지 말고 인정을 끄는 것이 또한 옳지 않겠는가? 소자가 머리 숙여 명령을 듣고 매양 만분지일이나마 보답할 길을 도모코저 하였더니 ⑦성관(成冠)시기가 되어서는 ⑧양정(兩庭)에 ⑨자씨(慈氏)가 차례로 서로가 침범해 찾아와서 병술년에는 종형이 또한 돌아가시니 길고 긴 궁한 처지 의지하고 믿을 곳은 오직 공이 세상에 계시어도 길이 멀고 성의가 박해 문후조차 드물어서 매양 한이 되어서 형세가 조금 나아지게 기다려서 정사를 흡족하게 다하여 전일에 잘못한 죄를 속죄할까 하였더니 지금 뿐이로다. 저 공의 방에 올라가니 의용(儀容)은 더욱 막막하고 경해(謦咳)소리 들리지 아니하니 자량(慈良)하고 순후(淳厚)하신 덕성을 어디가서 다시 뵈오리까? 공은 향수가 이미 높으시고 아들 네 사람이 있으니 또한 다 족히 ⑩간고(幹蠱)할만 하니 반드시 공을 위하여 슬퍼만 할 일은 아니지만 다만 공이 세상에 계실 때에 오직 막내아들이 성취를 못하였으니 공이 반드시 이로써 한이 되겠나이다. 슬프다. 지하에서 어머님을 뵈올 듯하오니 소자가 무양하게 세상에 있다고 말씀하여 주시렵니까?

『註』

1.모씨(母氏) : 어머니

2. 참연(慘然) : 몹시 슬퍼하는 모습
3. 붕성지통(崩城之痛) : 남편이 죽은 아픔
4. 잔명(殘命) : 죽음이 얼마 남지 않은 쇠잔한 목숨
5. 사후(嗣后) : 자손. 뒤를 이어줌. 양자
6. 상척(喪慽) : 상사와 애척
7. 성관(成冠) : 관례시기. 20세
8. 양정(兩庭) : 생가와 양가
9. 자씨(慈氏) : 미륵보살
10. 간고(幹蠱) : 선대의 일을 잘 이어감

19. 경주(慶州) 김우상(金遇祥)

슬프다. 공이 세상에 나신지 칠십여 년이라. 공의 마음과 성품은 천품의 인선(仁善)이요. 공의 재주와 학식은 기품(氣稟)이 높고 민첩하시어 족히 ①척촌(尺寸)도 잃지 않으시며 일동일정(一動一靜) 법도를 따르시고 규범을 어기시지 않으시며 일어일묵(一語一默) 안정한 힘을 쓰시니 곧 행지를 닦으시고 또한 학식도 갖추셨다. 그러나 ②향국(鄕國)에 문달(聞達)을 구하시 않으시고 가마들(釜坪)에 경착(耕鑿)하시면서 ③상유(桑楡)의 늦은 경치를 굳게 지키시며 송정에서 자취를 감추시니 자못 ④박옥(璞玉)이 흙속에 묻힌 것 같고 ⑤양기(良驥)가 마판에 엎드린 것 같으니 세상에 ⑥변화(卞和)와 ⑦백락(伯樂)이 없다면 어찌 삼일 아침 매를 쳐서 배 값을 올리리요? 알고 모르는 것은 사람에게 있고 선하고 불선함은 나에게 있다. 나에게 있는 것은 내가 장차 힘쓸 것이요 남에게 있는 것은 저에게 맡기고 내 힘은 쓰지 않을 것이다. 옛사람이 말하기를 나아가기는 어려우나 물러나기는 쉽다 하니 참으로 맞는 말이다. 공에게 손상이 없고 ⑧세교(世敎)가 되었으니 실로 ⑨개연(慨然)할 바가 있습니다. 슬프다. 오직 우리 누님이 공의 맏며느리라. 인연이 되어 공의 문에 출입한지 여러 해가 되었고 때가 있어 가서 뵈오면 나의 일찍부터 외로움을 애긍하시고 못내 가르치시고 자상하신 정분은 말씀 결에 멀리 나오셨다. 내 미록 완미하나 명심하고 가슴에 새겨 결초보은 하려하였더니 하늘이 어찌 돌보지 않으시고 나를 버리고 빨리 가시나이까? 갈팡질팡 어디로 돌아가랍니까? ⑩세고(世故)에 구애되어 오히려 한잔 술로 조아리니 어찌 망정(忘情)하였다는 책임을 면하리까? 오늘 ⑪연석(練夕)에 비로소 고결하옵니다. 엎드려 비옵건대 존령은 흠향하여 주옵소서.

『註』
1. 척촌(尺寸) : 한 자 또는 한 치. 얼마 안되는 것
2. 향국(鄕國) : 고국 또는 고향

3.상유(桑楡) : 해가 지는 곳. 해질녘의 그림자.
4.박옥(璞玉) : 옥돌 뭉치
5.양기(良驥) : 천리마. 준마
6.변화(卞和) : 옥돌을 잘 돌보는 사람
7.백락(伯樂) : 말을 잘 다루는 사람
8.세교(世敎) : 세상의 가르침
9.개연(慨然) : 아주 슬퍼하는 모양
10.세고(世故) : 세상의 모든 사고
11.연석(練夕) : 연제날 저녁. 즉 小祥

20. 문생(門生) 종제(從弟) 상섭(相燮)

슬프고 원통하다. 공이 나시어 고을에는 모범이 되시고 문중에는 기둥이 되시며 공이 죽으시니 고을에는 원로를 잃으시고 선비들은 의지를 잃으시니 옛사람들이 말하기를 나서는 영광이요 죽어서는 슬픔 된다 하니 참으로 옳도다. 아! 공은 포부가 넓고 흡족하시며 학행이 참되고 여무시니 천박한 사람들이 감히 엿보고 측량할 바 아니시고 그의 품부가 정확하시며 지기가 고매하시고 발려(發慮)와 응사(應事)가 방정(方正)하시고 행기(行己)와 접물(接物)이 인후(仁厚)하시어 옛 군자의 유풍이 있으시니 금세에 남아있는 사람들이 가히 미칠 바가 아니었다. 그러나 종제로서 종형에게 고하는 글이 아호하고 미화하는데 가까이 된다면 알지는 못하지만 동당(同黨)에 사우(士友)들의 평론이 어떻겠습니까? 슬프다. 소제가 우둔하기 짝이 없으나 썩은 나무는 새기지를 못하고 검은 물은 채색을 받지 않는다는 형의 깨우쳐주신 교훈이셨다. 시행한 공효없이 의연히 하우(下愚)에 돌아감을 지었으나 그러나 형이 옹해(甕薤)처럼 하수(遐壽)를 얻으신다면 오래오래 갈고 쪼아 이와 같이 용루(庸陋)하지나 아니할까 하였었다. 슬프다. 세월이 쉽게 가서 어언 간에 달이 넘어 장사를 하게 되니 이제 뿐이로다. 맑은 술 한잔으로 가슴에 찬 회포를 울면서 다합니다. 불매하신 영령께서는 흠향하여 주옵소서.

21. 문생(門生) 종질(從姪) 영복(永復)

슬프다. 옛 사람이 말하기를 지극히 슬픈 자는 소리 없이 눈물이 먼저 떨어지고 회포가 쌓인 자는 익은 물건이 화하지 못하듯이 목이 먼저 막힌다 하더니 소자가 평소에 이 말을 볼 때마다 항상 풍속에 상하고 정의에 지나치다 하였더니 이제 몸소 그 지경을 알고 보니 이에 그가 발충(撥衷)하고 적실(摘實)한 말인 줄을 알게 되었다. 원통하고 애달프다. 우리 집은 옛날의 문벌이라 영남 세족들에게 부끄러움 없었는데 중엽에 영천에 옮겨와서 오직 우리 십대 조 남계공이 충의(忠義)로써 고천서원에 향례하게 되니 ①전열(前烈)을 떨어뜨리지 않으셨다. 그러나 가운이 천박하여 세상이 갈수록 더욱 극심하고 모든 일체의 ②기영(畸零)이 다 닥치고 기한(飢寒)까지 겹쳐 능히 그의 천분을 보호하고 그의 문호를 지킬 자가 몇 사람 되오리까. 오직 우리 부군만이 또한 위험을 건너시고 헛된 걸음 어기시며 앞뒤를 조절하며 그의 뜻을 펴시면서 호산(湖山)에 빈자리를 포기하지 않으시고 작은 집에 거처하시고 없는 살림 살아가시며 뜻을 펴고 화합하시며 해내(海內)에 여러 귀인들과 더불어 처세하시었다. 슬프다. 이 소자는 그때에 어렸지만 문에서 수업을 받게 되어 숙질의 정으로써 문득 사제의 의를 짓게 되니 두는 바와 지킬 바를 한결같이 고가(古家)의 유법(儒法)을 따르게 하시고 한갖 학문에 정한 힘뿐만 아니고 또한 예서(禮書)를 추구하시며 의문(疑文)과 변절(變節)에 이르기까지 각각 그를 극진히 받게 하시고 ③총극(叢極)의 범위에 이르게 되면 ④정권(呈券)의 지속(遲速)은 물론하고 의지(義志)의 정밀함으로써 경계하시었다. 보통 다른 일에도 되풀이하여 타이르시고 원만하게 가르쳐서 더욱 오래 가지게 하고 더욱 새롭게 하게 하시었다. 슬프다. 소자는 운명이 원수라서 유리(流離)하면서 우거한지 십여 년이 되어서도 나를 애연히 여기시고 나를 어루만지시며 매양매양 굽어 돌보시었다. 소자 비록 몽매하오나 마음으로 느껴 새기고 만분지일이라도 보답을 기약하고 무한한 풍상을 다 열람하면서 고향에 돌아와서 집 곁에 뫼시면서 전일에 미진한 훈세를 받으려 하니 가장 한스러운 것은 모년(某年)에 중청증(重聽症)으로 말로써 대답하지 못하여 글로써 고하니 의리에 당연하다 하시면 얼음같이 판단하고 깨끗이 처리하시고 불합한 일이 있으면 칼로 베고 금을 긋듯 내치시고 파하셨다. 우뚝하게 일문(一門)중에 동량(棟樑)이 되시고 엄연하게 일향(一鄕)중에 모범이 되셨다. 대저 ⑤가승(家乘)과 ⑥세보(世譜)같은 것이 산실되고 징험할 수 없는 고로 경영하여 두 권 책자를 모아두고 ⑦파보(派譜)를 하시려 하고 매양 소자에게 말씀하시며 눈물을 흘리면서 경계하시기를 우리 문중을 돌아보면 나와 너 뿐이다. 나는 늙었으니 네가 나의 뜻을 이어 맡아서 이루라고 이르셨다. 아! 저 소자가 선대를 쫓아 후대를 이어갈 일에 성의가 없는 것은 아니오나 세상에 사고가 층층이 생겨나서 재력이 마치지 못하여 아직 시키신 일을 따르지 못하고 한없이 장수를 하기만 묵도하면서 부군이 살아계실 때에 성취하려고 기대 하였더니 어찌 하오리까? 부군께서 갑자기 세상을 떠나시니 소자의 따르지 못한 통한을 어디 가서 하오리요? 그의 문친에 있는 사람이 누가 막연하지 않으리요 마는 나같이 한을 품은 이는 몇 사람 없을 것이다. 슬프다. 소자 어머님이 돌아가신지 얼마 되지않아 또한 부군이 돌아가시니 입관을 하던 날은 생활 걱정에 구애되어 임결(臨訣)을 못하니 임종하신 날을 가히 잊을 수 없습니다. ⑧일변(一邊) 한을 느끼는 것은 상자에 유고와 가세의 호적들을 후손들께 전수여부와 막내아들 장가를 못 보낸 것과 손자를 못 안아 본 것이 이는 이에 부군의 완복(完福)에 한 가지 흠입니다. 그러나 아들 형제가 가히 백집사의 임무를 감당할 수 있으니 어찌 족히 멀리 가시는 날에 개념(介念)하오리까? 저승에 내려가도 과연 이승과 같으면 반드시 우리 선군과 더불어 한 곳에 같이 가서 다시 화수(花樹)자리를 펴시고 몇 종반 몇 숙질이 좌우로 자리하여 대저 소자의 말을 우리 선군에게 말씀을 전하실 때 영복(永復)이는 형님이 돌아가신 뒤로부터 어머님 뫼시고 아이들을 데리고 동서로 떠돌다가 [9]서황(棲遑)이 비할 수 없더니 고향에 돌아와서 얼마 되지 않고 또한 그의 어머니 세상을 버리시니 초상 장사 소대상 담(禫)제까지 거의 유감없이 치르고 이제는 맑은 사람이 되어 아들을 두 아이 두니 [10]내두(來頭)가 점점 있을 듯하다고 하신다면 우리 선군 또한 세상에 있을 때 다 못한 부채를 오늘에야 거의 갚았구나 못 감았던 눈을 이제야 감으리라 하신다면 소자의 맺힌 한이 가슴에 얹혔다가 이로부터 녹을 것입니다. 이로 향하여 이를 바는 말 할려니 눈물 나고 품고 있으려니 가슴이 막힙니다. 슬프다. 초라한 박전으로 현란하고 옹졸한 말로 만분지일이나마 작은 정성을 베풉니다. 불매하신 존령께서는 소자의 정을 기억하시고 기꺼이 흠향하소서.

『註』

1.전열(前烈) : 옛 사람의 공적과 업적. 전대의 위인
2.기영(畸零) : 다 떨어지고 아무것도 없음
3.총극(叢極) : 모든 글. 고금의 범첩
4.정권(呈券) : 남에게 보내고 남을 주는 것
5.가승(家乘) : 족보
6.세보(世譜) : 조상 대대로 내려오는 혈통과 집안의 역사에 대한 기록을 모아 엮은 책
7.파보(派譜) : 같은 종파 안에서 한 분파만을 분류하여 만든 족보
8.일변(一邊) : 어느 한편
9.서황(棲遑) : 몸붙여 살 곳이 없음
10.내두(來頭) : 다가올 날. 앞 날

22. 삼종질(三從姪) 영위(永渭)

슬프다. 대체로 [1]친소(親疎)간에 살아서 죽은 이에게 곡을 할 때 [2]아사필설(阿辭筆舌)로써 헛소리로 과장하여 [3]명청(冥聽)에게 고하오나 소자 오늘 공을 곡함은 그렇지 않습니다. 실제로 평일에 [4]긍휼(矜恤)받은 정으로써 글 써서 사정으로 곡하리니 영령께서는 그를 어여삐 여기시고 기꺼이 들으소서. 슬프다. 소자가 때 일찍이 어릴 때 아버지를 여의고 정처 없이 떠다니니 오직 공이 인후하신 마음과 [5]돈목(敦睦)하신 우의로 나를 가르치시고 인도하시며 가난한 농사일과 군색한 살림살이에 각각 그의 방법을 주시고 [6]무육(撫育)하신 인정과 권애(勸愛)하시는 마음이 친자질(親子姪)과 다름없이 하시니 소자가 비록 도량이 좁은 물건이오나 공의 가르치심을 이어받

고 공의 덕행을 우러러보며 나가면 가슴에 새기고 들어오면 마음에 간직하여 끊임없이 가서 뵈오니 충실한 인정과 반복되는 교훈이 갈수록 오래가고 더욱더 깊어졌다. 하물며 또한 홀로 우뚝하게 서 계시니 ⑦기우(氣宇)가 ⑧대하(大廈)에 동량(棟樑)과 같으셨다. 사심(私心)으로 백세도 부족하다 간절히 빌었건만 어찌 하오리까? ⑨문조(門祚)가 쇠박(衰薄)한가 소자가 무록(無祿)한가 공이 지금 ⑩승화(乘化)하시오니 ⑪인수복선(仁壽福善)이란 교훈도 공연히 지상(紙上)에 헛말을 지었도다. 옛사람이 이르기를 인생은 뿌리 없고 돌 위에 먼지같이 날아간다 하더니 과연이 칠순 광음이 일찍이 한순간에 불과하다. 고루(孤陋)하고 무상(無狀)한 것이 어디에 가서 다시 자상한 말씀을 들어보리까? 슬프다. 소자는 하늘의 죄를 얻어 나이 오십이 넘도록 자식이 없어 작년에 종질을 양자로 하였으니 살아서 불효란 죄는 면케되고 죽어서 세상에 살던 자취가 있게 되니 한 가지 크게 다행한 일입니다. 공이 돌아가시면 반드시 우리 선군과 더불어 악수로 환영하시고 이승과 다름이 없을테니 소자의 말을 우리 선군에게 전해 주시렵니까? 슬프다. 일월이 머물지 않아 중상(中祥)이 임박하니 감회가 새로운 듯하며 초상 날과 다름이 없습니다. 감히 황사(荒辭)와 박전(薄奠)으로 대략 작은 정성을 다합니다.

『註』

1.친소(親疎) : 친하여 가까움과 친하지 못해 소원함

2.아사필설(阿辭筆舌) : 아첨한 말로 꾸민 글

3.명청(冥聽) : 신도가 들음

4.긍휼(矜恤) : 불쌍히 여기고 구휼해 줌

5.돈목(敦睦) : 정이 두텁고 화목함

6.무육(撫育) : 윗 사람이 잘 돌보아 사랑하며 기름

7.기우(氣宇) : 기개와 도량

8.대하(大廈) : 넓고 큰 집

9.문조(門祚) : 가운

10.승화(乘化) : 죽음. 즉 신선이 됨

11.인수복선(仁壽福善) : 어진 이는 장수하고 선한 이는 복 받는다

제3절 행장(行狀)

공의 휘(諱)는 상각(相珏)이요 자는 겸옥(兼玉)이요 호는 송파(松坡)요 월성(月城) 손씨이시다. 신라 대수부(大樹部) 촌장을 비롯하여 문효공(文孝公) 휘 순(順)이 효행으로써 석종(石鍾)의 괴이한 일을 이루시니 곧 그가 시조이시다. 고려 운이 끝날 무렵에 휘 등(登)이 있으니 ①강헌왕(康獻王)이 ②포의(布衣)때의 교분으로써 선위를 받으신 후에 드디어 숨어 일어나지 않으시어 두문서원에 배향되시고 휘 사성(士晟)을 낳으시니 계성군을 봉작 받으시고 치적(治績)과 청덕(清德)으로써 들어나시고 휘 흔(昕)을 낳으시니 생원이시고 계천군 양민공 휘 소(昭)의 동생이시고 휘 세돈(世暾) 낳으시니 덕을 숨기시고 벼슬은 않으셨고 경절공 우재선생 휘 중돈(仲暾)의 종형이시다. 손자에 휘 응현(應現)이 있으니 호는 남계(南溪)이시다. ③창의(倡義)하시어 ④소경왕(昭敬王) 임진년에 순절(殉節)하시고 고천서원에 배향되시니 곧 공의 구대조이시다. 고조의 휘는 덕우(德佑)요, 증조의 휘는 창걸(昌杰)이며 조의 휘는 현구(鉉九)이고 고의 휘는 성휘(星彙)이시다. 문행(文行)이 있으시고 호는 농와(聾窩)이시고 비(妣)는 창녕 조씨 점인(漸麟)의 따님이시다. 순묘 무사 시월칠일에 영천 송정마을에서 공을 낳으시니 나서부터 ⑤영이(穎異)하시어 가정에서 수학하시고 스스로 경서를 깨우쳐서 뜻을 분별하시고 번거롭게 독려 받지 않으셔도 복습에 게으르지 아니하시어 농와공 마음에 기이하여 방법있게 가르쳐서 반드시 효제(孝悌) 충신(忠信) 예의(禮義) 염치(廉恥) 등 일로 먼저하게 하셨다. 커서는 경사를 통달하시고 문장이 날로 발전하시고 부모의 명령으로 과거를 보았으나 당시에 뇌물이 성행하여 관절(關節)이 통하는지라. 드디어 상처를 받고 돌아와서 문을 닫고 다시는 나가지 않으시고 더욱 ⑥위기지학(爲己之學)에 힘을 펴시었다. 무진년에 ⑦내간상(內艱喪)을 당하시니 ⑧정문(情文)을 갖추어 답지하고 임신년에 ⑨외간상(外艱喪)을 만나시어 ⑩애훼(哀毁)를 ⑪전상(前喪)과 같이 하였다. 묘사나 제사에 반드시 추모의 정성을 다하시고 선조 생원공과 남계공의 묘소가 청송에 있어 밭과 무덤산 등이 모두 간활한 사람에게 먹히게 되는 것을 공이 수고로움을 꺼리지 않으시고 정성을 다하시어 마침내 귀화(歸化)됨을 얻게 되니 사람들 모두 칭찬하였다. 물욕에는 좋아하는 바가 없고 오직 경서나 힘을 쓰고 이학을 연구하여 평생의 기본을 삼으시고 여가가 있는 날에 경치 좋은 곳에 소풍을 하시면서 시를 지어서 뜻한 바를 보이시니 후진들이 와서 배운 사람이 또한 성취를 많이 했다. 고종 경자 칠월 십오일에 침소에서 ⑫고종(考終) 하시니 향수가 칠십삼이셨다. 용전동 종상골 외등을 등진 간원(艮原)에 장사를 하였고 배위는 오천(烏川) 정씨 치운(致運)의 따님이시고 개박골 진좌원에 장사하였다. 아들은 하나 낳으시니 영주(永周)이고 딸 둘은 경주 김석문과 오천 정내희에게 시집보내셨다. 배위 의성 김씨 재상의 따님은 공의 묘 오른쪽에 부장하였고 삼남을 낳으시니 영달(永達), 영민(永旻), 영춘(永春)이요, 일녀는 김녕 김중락에게 시집보내셨다. 영주(永周)는 후사가 없어 영민의 아들 수녕(秀寧)으로서 양자를 하고 영달의 아들은 수락(秀洛), 수은(秀殷), 수진(秀津)이요 영민(永旻)은 아들 수녕(秀寧)과 수길(秀佶), 수태(秀台), 수해(秀淮) 낳았고, 영춘(永春)의 아들은 수창(秀滄), 수상(秀祥), 수팔(秀八)이라. 내외로 손자와 증손이 많아 수십 인이 되니 나머지는 다 기록하지 않는다. 슬프다. 공의 행적이 이제 와서 가히 상세하게는 못하지만 당시의 제문(祭文)을 고람해 볼 때 기국(氣局)이 관홍(寬弘)하고 성도(性度)가 온순(溫淳)하셨다는 말이 있고 일찍이 ⑬한묵(翰墨)에 졸업하시고 늦게는 ⑭견묘(畎畝)에 즐기셨다 하는 말이 있고 가정을 이어받고 덕이 넉넉하며 학식이 넓으셨다는 말이 있고 세상에 천거한 공인이 없어 마침내 처사로 이르렀다. 문생(門生)이나 지구(知舊)들이 직접 본 나머지에서 나왔으니 이는 가히 공을 알만하다. 어느 날 수은(秀殷)이 그의 백형 수락(秀洛)이 지은 ⑮가장(家狀)을 가지고 와서 나에게 행장(行狀)을 청하면서 하는 말이 우리 조부가 남기신 글이 상자에 한 권 있으나 중간에 난리를 지나면서 이미 완전히 보존은 못하였다. 그러나 몇 해를 더 지나면 좀이 먹고 매연이 끼어 이미 다 없어질지 어찌 알리요? 이제라도 명가(名家)에 말을 빌려서 후일을 계획할께 하오니 한 말씀 빌려주기를 원한다 하고 거듭 부탁하는지라 내가 사양하다가 얻지 못하고 삼가 가장을 인해 바로잡고 손자의 간청을 막으며 세상의 말이 능한 군자의 채택을 기다리면서 이르노라.

계묘 중추절에 벽진(碧珍) 이종기(李宗基) 찬

『註』

1.강헌왕(康獻王) : 太祖大王
2.포의(布衣) : 벼슬하지 않고 평민으로 있을 때
3.창의(倡義) : 국난을 당하여 의병을 일으킴
4.소경왕(昭敬王) : 宣祖大王
5.영이(穎異) : 남다르게 영특함
6.위기지학(爲己之學) : 자신의 행지를 위한 학문
7.내간상(內艱喪) : 어머니의 상사
8.정문(情文) : 제문 또는 위장
9.외간상(外艱喪) : 아버지의 상사
10.애훼(哀毁): 부모의 죽음을 몹시 슬퍼하여 쇠약해짐
11.전상(前喪) : 부친상
12.고종(考終) : 오복의 하나. 제 명에 살고 편안히 죽음
13.한묵(翰墨) : 문한과 필묵. 문필

14.견묘(畎畝) : 발도랑과 밭이랑
15.가장(家狀) : 조상의 행적에 관한 기록

제4절 묘갈명(墓碣銘) 병서(並敍)

월성(月城)의 손(孫)씨는 신라 대수촌장(大樹村長)의 뒤를 이어 나와 문효공(文孝公) 순(順)이 석종(石鐘)의 기이한 일이 있어 효도로써 사기에 나타났고 고려말에 이르러서 감찰공 등이 송양에 ①석혈(石血)의 의가 있고 호조참의로 증작을 받으시고 두문서원에 배향하시고 아(我)조(朝)에 들어와서 계성군(鷄城君) 사성(士晟)이 병조참판을 지내시고 보조공신이 되시고 휘 흔(昕)을 낳으시니 생원이시고 증손에 응현(應晛)을 말하면 임진에 창의하시어 서천에서 공을 세우시고 호는 남계(南溪)이시며 도사로 증작 받으시고 고천서원에 배향되시니 다 ②현조(顯祖)이시다. 덕우(德佑), 창걸(昌杰), 현구(鉉九)로 이어와 성휘(星彙)는 호가 농와(聾窩)로 문행(文行)이 있으시니 고조와 증조 조부와 및 선고이셨다. 비(妣)는 창녕 조씨 점인(漸麟)의 따님이시고 배)는 오천(烏川) 정치운(鄭致運)의 딸이다. 기축년에 나시어 을축년에 돌아가시니 묘는 용전 개박골 진좌원이요 계배위는 의성 김제상(金悌相)의 딸이라. 경술년에 나시어 병지년에 돌아가시니 묘는 공의 묘 오른편에 있다. 사남을 두시니 영주(永周)는 정씨가 낳으시고 영달(永達), 영민(永旻), 영춘(永春)은 김씨가 낳으셨다. 삼녀를 두시니 경주 김석문(金錫文)과 오천 정내희(鄭來禧)에게 시집가신 분은 정씨가 낳으시고 김녕 김중락(金仲洛)에게 시집가신 분은 김씨가 낳으셨다. 영주(永周)의 양자는 수녕(秀寧)이요 창녕 성락일(成洛日)과 영양 최진옥(崔鎭玉)은 사위시고 영달(永達)의 삼남은 수락(秀洛), 수은(秀殷), 수진(秀津)이요 오천 정진황(鄭鎭滉)과 달성 서규만(徐奎滿)은 사위이시고 영민(永旻)의 사남에 수녕(秀寧)은 출후하고 수길(秀佶), 수태(秀台), 수회(秀淮)요 창녕 성상호(成相浩)는 사위시고 영춘(永春)의 삼남은 수창(秀滄), 수상(秀祥), 수팔(秀八)이요. 창녕 조은환(曺殷煥)과 밀양 박병욱(朴炳郁)과 경주 김달선(金達善)과 밀양 박창호(朴昌鎬)는 사위시다. 석문(錫文)의 아들은 제동(濟東)이요 내희(來禧)의 아들은 희검(希儉)이요 중락(仲洛)의 아들은 영규(滎圭), 원규(源圭), 홍규(洪圭)이다. 내외로 손자와 증손이 불꽃처럼 창성하다. 공의 휘는 상각(相珏)이요 자는 겸옥(兼玉)이요 소나무의 늦도록 푸름을 사랑하시어 자호를 송파(松坡)라 하셨다. 순묘 무자 시월 칠일에 나시어 광무 경자 칠월 십오일에 돌아가시니 수가 칠십삼이시고 용전 종상곡 노등 간좌원에 묻히셨다. 공은 순박한 자질을 받고 총명과 지혜가 출범하시니 농와공의 가르침을 독려하지 않으셔도 스스로 알아서 부지런히 배우시고 경사를 달통하고 문장이 뛰어나니 농와공이 멀리 앞날을 기약하셨다. 양친을 받드는데 ③양지(養志)를 ④복근(服勤)하시고 내외간 상사를 만나서는 예로써 복제를 마치셨다. 생원공과 남계공의 묘소가 청송 문천에 있는데 산판(山版) 관계로 남과 더불어 송사가 있었다. 여러번 관부(官府)에 호소하여 마침내 신원을 하게 되니 그의 성의로써 이른바가 일찍이 과거를 치루어서 여러번 시험에 맞이 하니 이에 탄식하여 운명이라 말을 하고 드디어 자취를 감추고 문을 닫고 서사(書史)에 잠심하시니 믿고 따르는 사람이 많으셨다. 그의 재주를 인하여 두터이 하시고 때로는 혹이 계산(溪山) 경치 좋은 곳에 배회하시면서 낙을 붙이셨다. 돌아가실 때 당시의 지구(知舊)들과 문생(門生)들이 글로써 제하면서 대략 말하기를 시례(詩禮)로 옷을 입고 효우(孝友)로 밥을 삼아 일찍이 한묵(翰墨)에 졸업하시고 늦게는 견묘(畎畝)에 낙을 붙이셨다 하고 ⑤과문(科文)을 공부하여 여러번 낙방의 눈물을 뿌리시고 시골에서 늙으셨다 하고 세상에 천거하는 공관이 없어도 행기(行己)를 닦으시고 재주 또한 뛰어났다 하고 ⑥문달(聞達)을 구하지 않으시고 ⑦만경(晩景)에 ⑧우유(優遊)하시었다 하고 난초는 유곡(幽谷)에 나서 펴지 않아도 향기나고 구슬은 깊은 산에 쌓였어도 쫓지 않고 문채나서 나가면 한마을에 표본되고 들어오면 한 문중에 기둥된다 하였으니 이것이 다 공의 덕성과 행지의 실상이요 가히 일생동안 학문에 공을 쌓고 행지에 독실한줄 알만하다. 시문(詩文)이 상지에 있는것을 모아서 수집하니 대략 약간편 뿐이라 문인들이 일찍이 계중을 만들어 늘려서 이제와서 그의 자본으로 묘 앞에 표석을 하려하니 그의 손자 수은(秀殷)이 진찬(晉讚)과 더불어 와서 ⑨유사(遺事)를 보이면서 하는 말이 이것은 망형(亡兄) 수락(秀洛)이 지은 것인데 뜻은 있어도 이루지 못하였다 하고 원컨대 명(銘)을 써서 은혜를 베푸라 하니 사양을 못할 일이 있어 드디어 펴서 차술하고 이어 명(銘)을 지어 말하기를 효로써 근본 삼고 학문으로 추구하여 갖추어 두고 팔지 못하니 오직 운명의 기구였다. 뜻은 비록 연구하지 않아도 선이 이미 남에게 미치였다. 명으로써 표석하니 백대에 증명될것이다.

계묘 유화절에 취산(鷲山) 신억(辛檍) 근찬(謹撰)

『註』

1.석혈(石血) : 돌에 피를 뿌린 자국

2.현조(顯祖) : 이름이 세상에 높이 드러난 조상

3.양지(養志) : 부모의 뜻을 봉양함

4.복근(服勤) : 힘드는 일에 부지런히 종사함

5.과문(科文) : 과거 공부

6.문달(聞達) : 남에게 알리고 통달함. 출세

7.만경(晩景) : 노년

8.우유(優遊) : 편안하고 한가롭게 지냄

제5절 묘지명(墓誌銘)

공의 성은 손씨(孫氏)요 휘는 상각(相珏)이요 자는 겸옥(兼玉)이요 호는 송파(松坡)이시다. 월성은 신라에서 이어 나왔다. 휘 순(順)이 효자로서 석종의 기이한 일이 있으니 곧 그가 상조(上祖)이시다. 관직이 세상에 빛나고 아조(我祖)에 들어와서 휘 사성(士晟)이 있으니 병조참의로 계성군을 봉작 받고 병조참판을 증작 받으시고 휘 흔(昕)을 낳으시니 생원이시고 휘 세돈(世暾)을 낳으시니 은덕이 있으시고 휘 희(曦)를 낳으시니 충순위이시고 휘 응현(應晛)을 낳으시니 호는 남계(南溪)이시고 임란(壬亂)에 창의(倡義)하시어 경주 서천에서 ①순사(殉死)하시니 도사(都事)로 증작 받으시고 고천서원에 배향되시고 휘 위(暐)를 낳으시니 훈련부정이시니 공에게 팔대조가 되시고 휘 덕우(德佑), 휘 창걸(昌杰), 휘 현구(鉉九)가 있으니 곧 공의 고조, 증조 및 조부가 되시고 고(考)의 휘는 성휘(星彙)요 호는 농와(聾窩)이시고 비는 창녕 조씨 점인의 따님인데 부덕(婦德)이 있으셨다. 순묘 무자 시월 십칠일에 영천 추곡 송정리 집에서 공을 낳으시니 나서부터 남다른 데가 있으셨다. 선고 농와공에게 수학하시고 능히 의리(義理)를 분별하시고 경사(經史)를 통하시고 부모를 섬길 때에 효도가 지극하셨다. 무진년에 내간상을 당하시고 임신년에 외간상을 당하시어 모두 예법에 의지하여 복제를 마치셨다. 선조 생원공과 남계공의 묘소가 청송 문천에 있는데 산판과 위토가 남에게 빼앗기게 되는지라 공이 여러 번 호소하여 신원을 얻게 되니 이것은 공의 성력이였다. 일찌기 과업(科業)을 해보았으나 여러 번 시험에 맞지 않으니 ②염연(恬然)히 돌아와서 이로부터 시골에 자취를 숨기시고 전원(田園)에서 뜻을 즐기시고 남이 알아줌을 구하지 않으셨으나 덕은 반드시 이웃이 있는고로 향리에 수재(秀才)들이 책을 끼고 따라 노는 자가 많이 있었으니 이에 그의 재주에 따라 성취를 시키셨다. 광무 경자 칠월 십오일에 침향(寢享)에서 고종(考終)하시니 향년이 칠십 삼세셨다. 용전 종상곡을 등진 간원에 장사하였다. 배위는 오천정씨 치운(致運)의 따님이시다. 기축 십일월 초 오일에 나시어 을축 정월 십사일에 돌아가시니 묘는 용전 고령아래 개박골 진좌원에 모셨다. 일남을 낳으시니 영주(永周)요, 두 딸은 김석문(金錫文) 경주인과 정내희(鄭來禧) 오천인이다. 계배위는 의성 김씨 제상(悌相)의 따님이시다. 경술 육월 십칠일에 나시어 병진 팔월 이십구일에 돌아가시니 묘는 ③원위(元位)의 오른편에 부장하였다. 삼남을 낳으시니 영달(永達), 영민(永旻), 영춘(永春)이요. 일녀를 낳으시니 김중락(金仲洛)으로 김녕인이다. 영주(永周)의 양자에 수녕(秀寧)이요, 딸은 성락일(成洛日) 창녕인과 최진옥(崔鎭玉) 영양인이다. 영달(永達)의 아들은 수락(秀洛), 수은(秀殷), 수진

(秀津)이요 딸은 정진황 (鄭鎭滉)오천인과 서규만(徐圭滿) 달성인이다. 영민(永旻)의 아들 중에 수녕(秀寧)은 출후하고 수길(秀佶), 수태(秀台), 수회(秀淮)요 딸은 성상호(成相浩)로 창녕인이다. 영춘(永春)의 아들은 수창(秀滄), 수상(秀祥), 수팔(秀八)이요 딸은 조은환(曺殷煥)으로 창녕인이요 박병욱(朴炳郁)은 밀양인이요 김달선(金達善)은 경주인이요 박창호(朴昌鎬)는 밀양인이다. 증손과 현손은 다 기록하지 않는다. 슬프다. 공은 세가(世家)에 나시어 그의 효우와 시례는 대개 ④유염(擩染)이 있고 느즈막에 송정에 사시면서 송파로 호를 하니 솔과 같이 곧게 하여 백번을 꺾더라도 굽히지 아니하고 솔과 같이 푸르러서 사시(四時)가 장춘(長春)되면 진실로 입지(立志)가 높고 구도(求道)가 절실하여 능한 것이 아니리까? 그의 지구(知舊) 제현(諸賢)들의 ⑤뇌문(誄文) 찬술(撰述)에 또한 가히 공의 평일덕행(平日德行)이 나타나 있다. 어느날에 공의 손자 수은(秀殷)씨가 그의 백형 수락(秀洛)이 지은 가장(家狀)을 가지고 와서 그의 ⑥유취(幽竁)의 글을 부탁하기로 나를 돌아볼때 문(文)이 없는 자가 어찌 이 부탁을 감당하리요. 모든 세계(世契)를 헤아려 볼 때 가히 굳게 사양도 못할 형편이라 대략 바로잡고 이에 명(銘)을 쓰노라. 명(銘)에 말하기를 살아서 창송(蒼松)에 뜻을 부쳤음이요! 가히 서리와 눈을 맞아도 죽지 아니하고 죽어서는 비석에 이름을 새김이여! 가히 바람과 비를 맞아도 형적이 없어지지 않으리라.

갑진 십월 하순에 영천 최석기(崔碩基) 근찬(謹撰)

『註』

1.순사(殉死) : 전사

2.염연(恬然) : 마음에 아무런 잡념이 없이 편안함

3.원위(元位) : 考位. 돌아가신 아버지와 각 대의 할아버지의 위패

4.유염(擩染) : 선대의 습성이 몸에 뱀

5.뇌문(誄文) : 죽은 이를 애도하며 생전의 공덕을 칭송한 글

6.유취(幽竁) : 무덤 속. 굴 속

송파문집(松坡遺集) 말(末)

1. 유사(遺事)

부군의 휘는 상각(相珏)이요 자는 겸옥(兼玉)이요 대대로 송정에 사시면서 소나무의 만취(晩翠)를 사랑하신고로 자호를 송파(松坡)라 하시었다. 성은 손(孫)씨인데 월성에서 이어 나와 신라 대수부 촌장 구례마의 후예시다. 문효공 휘 순(順)으로서 상조(上祖) 삼고 여말(麗末)에 이르러 휘 등(登)이 감찰을 하시고 호조참의 증작을 받으셨다. ①산행(山杏)을 ②창화(唱和)하신 시(詩)와 ③숭양(崧陽)에 ④혈석(血石)의 흔적이 있어 두문서원에 배향되시고 아조(我朝)에 들어와서 휘 사성(士晟)이 계성군을 봉작받고 보조공신 병조참판에 증작되시고 휘 흔(昕)을 낳으시니 생원이시고 손자에 희(曦)가 있으니 충순위이시고 휘 응현(應晛)을 낳으시니 호는 남계요 임란에 창의하시어 경주 서천에서 순절하시고 도사(都事)에 증작을 받으시고 고천서원에 배향이 되시고 휘 위(暐)를 낳으시니 훈련부정이신데 공에게 팔대조가 되셨다. 고조의 휘는 덕우(德佑)요 증조의 휘는 창걸(昌杰)이요. 조의 휘는 현구(鉉九)요. 고의 휘는 성휘(星彙)요 호는 농와(聾窩)요 ⑤문행(文行)이 있으셨다. 비(妣)는 창녕 조(曺)씨 점인(漸麟)의 따님이시다. 순묘 무자 시월 십칠일에 추곡 송정리 집에서 공을 낳으시니 나서부터 천자(天資)가 ⑥영오(穎悟)하시고 총명(聰明)이 과인(過人)하시었다. 선고 농와공에게 수학 하실 때 번거롭게 독려를 안하셔도 교훈을 복습하시었다. 커서는 경사(經史)를 통달하고 ⑦문사(文思)가 날로 진취되어 가니 농와공이 심히 기애하셨다. 부모를 섬길 때에 승순(承順)하시고 어김이 없으셨다. 무진년에 내간상을 당하시어 예법에 의하여 복제를 마치시고 임신년에 외간상을 만나서도 하나같이 전상대로 하시었다. 선조 생원공과 남계공의 묘소가 청송 문천에 있는데 산판과 위토가 다른 사람에게 빼앗기게 되자 부군이 여러 번 관에 호소하여 마침내 신원을 얻게 되어 다시 우리 가문이 소유하게 되니 성력의 소치가 아님이 없다. 부모의 영화를 생각하여 일찍이 과거 공부를 하였으나 여러 번 시험쳐도 맞지 않고 낙방하고 돌아왔었다. 이 후 길을 고치고 갈 길을 바꾸어 경적(經籍)을 안고 고향 산중에 자취를 감추셨다. 장차 모르는 바를 구해보고 후생들을 가르치심을 낙으로 삼으시고 그의 재질에 따라 훈계하시니 성취한 사람이 많았다. 여가가 있는 날에 경치 좋은 곳에 소풍을 하시면서 혹 시를 읊으시며 그윽한 회포를 펴시고 담연(澹然)하게 세상에 이바지할 뜻 없이 거느리듯이 몸을 마치시었다. 광무 경자 칠월 십오일에 침석에서 고종하시니 향년이 칠십삼세 셨다. 용전동 종상곡 와등 간좌원에 장사하였다. 배위는 오천정(鄭)씨 치운(致運)의 따님이요 강의공(剛義公)의 후예이시다. 기축 십일월에 나시어 을축 정월 십사일에 돌아가시니 묘는 용전동 높은 고개 아래 개박곡 진좌원에 있다. 계배위는 의성 김(金)씨 제상(悌相)의 따님이요 외재공(畏齋公)의 후예이시다. 경술 육월 십칠일에 나시어 병진 팔월 이십수일에 돌아가시니 묘는 공의 묘 오른편의 동원(同原)이다. 사남삼녀를 낳으시니 영주(永周)는 정씨가 낳으시고 영달(永達), 영민(永旻), 영춘(永春)은 김씨가 낳으셨다. 딸 가운데 경주 김석문(金錫文)과 오천 정내희(鄭來禧)에게 시집가신 분은 정씨가 낳으시고, 김녕 김중락(金仲洛)에게 시집가신 분은 김씨가 낳으셨다. 영주(永周)의 양자로는 수녕(秀寧)이요 딸은 창녕 성락일(成洛日)과 영양 최진옥(崔鎭玉)에게 시집가시고 영달(永達)의 삼남이녀중 수락(秀洛)은 곧 불초요 다음에 수은(秀殷), 수진(秀津)이고 딸은 오천 정진황(鄭鎭滉)과 달성 서규만(徐圭滿)에게 시집갔다. 영춘(永春)의 삼남사녀는 맏이가 수창(秀滄)이요 다음이 수상(秀祥), 수팔(秀八)이요 딸은 창녕 조은환(曺殷煥)과 밀양 박병욱(朴炳郁)과 경주 김달선(金達善)과 밀양 박창호(朴昌鎬)에게 시집갔다. 석문(錫文)의 아들에는 제동(濟東)이요 내희(來禧)의 아들에는 희검(希儉)이요 중락(仲洛)의 아들은 영규(榮圭), 원규(源圭), 홍규(洪圭)다. 내외로 손자와 증손이 무릇 수십인이라 많아서 다 기록하지 못한다. 슬프다. 부군은 ⑧조예(造詣)가 깊으시고 ⑨존양(存養)하신 공부를 마땅히 후세에 가히 전할것이 있었으니 부군이 별세히신지 거금 칠십년에 전함이 있어 당일에 문히의 제생들이 차례로 다 떨어지니 증명하여 물을 곳이 없고 다만 제공들의 제문에 의지하여 그의 만분의 일이라도 기록하여 감히 뒤에 오는 지언(知言)자의 공론(公論)을 기다립니다.

해는 경인 삼월 길일에 불초손 수락(秀洛)이 눈물을 흠치며 삼가 쓰노라.

『註』

1.산행(山杏) : 창화시(唱和詩). 태조대왕 어시집(御詩集)에 있음
2.창화(唱和) : 시나 노래를 한 쪽에서 부르고 다른 쪽이 화답함
3.숭양(崧陽) : 송도 즉 개성
4.혈석(血石) : 피묻은 돌. 충신의 표시
5.문행(文行) : 학문과 실천
6.영오(穎悟) : 뛰어난 총명
7.문사(文思) : 시문을 구상. 도덕을 겸비함
8.조예(造詣) : 학문과 기술이 경지에 오름
9.존양(存養) : 본심과 본성을 보존함. 정신을 수양함

2. 후지(後識)

대저 선비가 덕이 있으면 말이 있나니 그의 덕과 그의 말이 가히 당세에 추중 받고 내세에 자랑된다. 오래되지 않은 옛날 송파(松坡) 손공이 덕도 있고 말도 있고 자질도 ①척당(倜儻)하고 지조(志操)가 ②견확(堅確)하여 일찍부터 학업에 뜻을 두고 부모의 영화를 생각하여 잠시 과거에 시험 보니 여러 번 향시에는 맞았으나 마침내 정시에 불리하고 또한 뇌물하는 공행을 보고 갑자기 길을 고쳐 성현위기지학(聖賢爲己之學)으로써 입심행기(立心行己)하는 방법을 삼고 일찍 ③이륜(彝倫)을 연구하며 출세의 뜻을 버렸다. 마을에 사우(士友)들과 더불어 돈을 모아 이식을 불리며 서당을 창건하여 마을 수재들을 가르치셨다. 육경(六經)과 사자(四子)로서 주본(主本)을 삼고 그의 풍화일난(風和日煖)할 때가 오면 사우들을 초청하여 명산려수(名山麗水)의 사이로 소풍도 하고 시를 읊으셨다. 지으신 시문(詩文)이 정성(情性)이 바르고 ④경물(景物)이 진실하게 나왔고 다른 것을 바라지 않는 좋은 기상과 좋은 의미가 있어 실로 후생에게 도움 되고 가히 전할 만한 글이었으니 어찌 기쁘지 않으리요? 공의 어진 손자 수은(秀殷)이 ⑤문내(門內)와 제자들의 집에 협조를 받아 바야흐로 서문과 행장과 묘갈명을 받아 한권 합편(合編)하여서 ⑥석인(石印)에 붙이고 썩히지 않을 계획을 하여 나에게 한 말씀으로 정리하라 청하거늘 가만히 생각하니 우리 조부님이 일찍 공에게 눈에 서서 ⑦쇄소(灑掃)하는 역사에 잡으신 일 있으니 내 비록 무상하고 졸렬하나 모든 세계의 중함을 헤아려보니 가히 끝내 묵묵히 있지 못하여 대략 두어 말을 써서 경모(景慕)하던 정성을 붙여 이르노라.

기유 사월 하순에 향 후학 성산(星山) 이용기(李瑢基) 근지

『註』

1.척당(倜儻) : 여러 사람 속에서 뛰어남

2.견확(堅確) : 굳고 확실함

3.이륜(彝倫) : 사람으로서 마땅히 지켜야할 바른 도리

4.경물(景物) : 계절에 따라 변하는 경치

5.문내(門內) : 성(姓)과 본(本)이 가까운 집안

6.석인(石印) : 석판 인쇄

7.쇄소(灑掃) : 쇄소지역(灑掃之役) 물 뿌려 쓰는 역사. 제자가 하는 일

3. 발(跋) I

슬프다. 우리 증조부 오형제분이 문학으로써 세상에 울리시고 조부님이 일찍이 정훈(庭訓)을 이으시어 재주가 뛰어나서 상승(上乘)하시고 ①지미(趾美)가 아름답고 습성이 좋으시어 자질이 입신(立身)하여 ②현친(顯親)할만 하였는데 세상에 구하지 아니하고 경서를 안고 잠복(潛伏)하여 위기지학(爲己之學)에만 뜻을 두시고 성경(聖經)만을 ③규반(窺班)하시면서 과거 공부는 낮게 보시었다. 평일(平日)에 기거(起居)하고 동정(動靜)하실 때 빠른 말은 입에 내지 않으시고 급한 빛은 몸에 펴지 않으시며 발자취가 저자거리에 가지 않으시고 말씀은 옳고 그름에 언급하지 않으시며 세속에 ④희만(戲慢)하는 말을 입술에 걸지 않으시며 의리가 아니시면 초개같이 취하지 않으시고 춧돌처럼 주지도 않으셨다. 성품 또한 근신(謹愼)하시고 ⑤주밀(周密)하시어 숨은 걱정을 하지 않으시고 일찍이 집사람들의 예사 물음에는 대답도 안하시니 이것이 다 일생동안 가지고 행하신 ⑥팔구분(八九分)의 그림자이시다. 불초가 나기 전에 세상을 떠났으니 평소에 일용행사(日傭行事)는 대략 들었을 뿐이요, ⑦조예(造詣)의 경계와 순수(純粹)하신 행지에 이르려서는 다만 많은 선비들이 ⑧월평(月評)과 ⑨헌지(軒輊)가 어떠한지에 보시리라. 어찌 감히 일호(一毫)라도 ⑩아호(阿好)와 ⑪일미(溢美)가 부모와 형제의 말에 섞을 수 있으리요? 아! 부군이 중년에 과거 시험 보신 것은 본래 자기의 뜻이 아니고 부모를 생각하는 도리에 구애된 것이니 자신도 용납치 못하였다. 마침내 ⑫금방(金榜)에 이름을 걸지 못하고 낙방에 눈물을 머금으시고 돌아와서 ⑬형문(衡門)을 굳게 닫고 글을 펴고 성질을 잡아서 ⑭속백(束帛)이 스스로 올 날만을 기다리셨다. 공은 재상의 자질이 있었으나 두레박 줄이 샘에 닿지 못하고 시골 아래서 끝까지 늙으시니 ⑮정설불식(井渫不食)의 탄식은 예나 지금이나 애석한 것은 한가지라. 부군이 일생동안 저술하신 시와 편지, 제문, 잡저가 약간의 책자와 책상자에 감추어져 있어 다행히 ⑯남북병화(南北兵火)를 면하고 무사히 보존하여 지킨 것이 오늘에 기대가 있는 것 같다. 이것은 문생들의 ⑰연조(捐助)하신 힘을 입었음이다. 이에 ⑱침재(鋟梓)를 모의하여 내세(來世)에 오래 전할 계책을 도모하니 감히 선대의 일에 뒤가 있었다는 말은 아니지만 혹시 남을 향해 말을 할 때 부끄러움은 없으려나? 나의 뒤를 잇는 자는 ⑲조선(祖先)의 수덕(修德)을 생각하여 낳아준 바에 더럽힘이 없다면 이것이 ⑳내예(來裔)에게 바라는 바이다.

병오 정월 인일에 불초손 수은(秀殷) 읍혈(泣血) 근발

『註』

1. 지미(趾美) : 훌륭한 경지

2.현친(顯親) : 부모을 나타나게 함

3.규반(窺班) : 나누어 가면서 봄. 자세히 봄

4.희만(戲慢) : 희롱하고 거만한 것

5.주밀(周密) : 허술한 구석이 없고 침착함

6.팔구분(八九分) : 열로 나눈 것 중에 여덟이나 아홉

7.조예(造詣) : 학문이나 예술이 깊은경지에 이름

8.월평(月評) : 다달이 평론. 자세한 이론

9.헌지(軒輊) : 올려보고 내려 봄. 우열을 가림

10.아호(阿好) : 너무나 좋아함

11.일미(溢美) : 넘치도록 아름다움

12.금방(金榜) : 과거에 급제한 사람의 이름을 써서 거리에 붙인 글

13.형문(衡門) : 두 개의 기둥에다 한 개의 횡목을 가로 질러서 만든 허술한 대문. 은자가 사는 곳을 이르는 말

14.속백(束帛) : 예폐(예폐), 비단 다섯 필을 각각 양끝을 마주 말아서 한 데 묶은 것

15.정설불식(井渫不食) : 재능이 있으나 세상에 쓰이지 않음

16.남북병화(南北兵火) : 6 · 25 전쟁

17.연조(捐助) : 힘을 덜게 하고 돈을 보조함

18.침재(鋟梓) : 인쇄. 나무에 새김

19.조선(祖先) : 조상

20.내예(來裔) : 후손

발(跋) Ⅱ

오른편 두 편의 한 책은 우리 증조부 송파부군의 사행(事行)이다. 부군이 세상을 버리신지 지금 칠십년이 되었다. 옛터에 ①전형(典型)을 생각하고 ②경해(謦咳)를 의지할 것이 어찌 여기에 없으리요? 오직 그의 평일(平日)에 문학의 정돌(精深)과 효우의 탁이(卓異)하심은 향리의 ③노숙(老宿)들의 만사와 제문과 행자와 갈명에 있으니 길이 백세에 말씀이 있을 것이다. 종숙 형제분들이 차마 부탁을 못하시고 어리고 못난 나에게 책을 만들라 하시니 당시에 ④구의(摳衣)하던 집의 후진들에게 모의하고 장차 인쇄하여 오래가고 멀리 전하도록 도모하라 하시고 이 일을 만일 오늘에 이루지 못하면 다른 날에 난리가 어떻게 될지 어찌 알리요 말씀하시니 이것은 진실로 지당하신 훈계시라 감히 대답도 못하고 따랐다. 또한 한 말씀으로써 우리 후예들을 힘쓰게 하려면 이 문집을 부지런히 읽게 하여 부군의 마음으로써 마음을 갖게 하고 부군의 행지로써 행하게 하고 주야로 게으르지 않게 하여 낳아준 바에 욕됨이 없다면 어찌 시경에 ⑤영석이류(永錫爾類)라고 이른 말이 되지 않으리요? 가도 가도 끊임이 없다면 부군의 영령이 또한 장차 그늘진 틈 어둡고 어두운

가운데서 기뻐하시리라. 이렇게 감히 한말을 ⑥하방(下方)에 써서 백세의 무궁한 생각을 자리하노라. 슬프고 원통하다. 불초 증손 진찬(晉讚)이 공경히 씁니다.

『註』

1.전형(典型) : 조상과 스승의 모범된 모습

2.경해(警亥) : 깨우치는 말씀

3.노숙(老宿) : 경험 많고 익히 아는 사람

4.구의(摳衣) : 옷을 걷어 붙이고 배우러 들어옴

5.영석이류(永錫爾類) : 시전에 나온 말. 너희들에게 길이 복을 주리라

6.하방(下方): 끝 부분

婿曺殷煥

子晋弼 진필
字明山生丁亥一九四七年二月十六日
配慶州李甲龍父相大
生甲午一九五四年十月十一日

子晋翰 진한
字明宇生己丑一九四九年八月九日
配達城徐順伊父永朱
生癸巳一九五四年十月五日

子晋國 진국
字明宰生己亥一九五九年十月十四日
配東萊鄭仁淑父孝祚
生癸卯一九六三年五月十二日

女晋蘭 진란
夫安佑吉
昌寧人

子翼元 익원
字淳彦生乙卯一九七五年十月二十五日

女貞順 정순
生丁巳一九七七年十一月六日

子晩翼 만익
生己未一九七九年十二月十七日

子順翼 순익
生癸亥一九八三年十一月二十四日

子翼煥 익환
生戊辰一九八八年五月十一日

女希連 희연
生甲戌一九九四年 月 日

順興人子鍾燦

十八世

十九世

子秀八 수팔
字俊七生戊午一九一八年六月一日
配瑞山柳氏父鎭川生丁巳一九一七年二月二十六日

二十世

女晋淑 진숙
夫裵武日
女晋賢 진현
夫金永鎭
子晋玉 진옥
字明汝生己卯一九三九年八月六日
配永川李慣道父洛珍生辛巳一九四一年六月五日
子晋佑 진우
字明川生癸未一九四三年二月十一日
配慶州金甲連父榮植生庚寅一九五〇年十二月一日

二十一世

生壬子一九七二年七月十三日
星州人
金海人子貴泓
子正勳 정훈
字德彦生辛亥一九七一年二月五日理學博士
女貞美 정미
夫金鎭道
女美敬 미경
生丁未一九六七年十一月十八日
子炯翼 형익
一名炯壽生癸未一九八三年十一月二日
女貞姬 정희
生乙卯一九七五年七月十五日

二十二世

義城人子承元

二十三世

日墓公兆同原卯坐

十七日墓公兆同原

五月十二日

子秀祥 수상
字俊三生壬子卒丁巳一月十一日墓龍田山一〇番地
配義城金氏父善熙生壬子卒丙辰八月二十七日墓公兆同原

婿金再先
慶州人

婿金圭重
慶州人子源杓

子晋守 진수 出后

子晋道 진도
字明夫生壬午一九四二年四月二十八日
配慶州李嬉守父在萬生丁卯一九四七年一月二十一日

女慈英 자영

夫魯允正
廣州人子聖根

女尚銀 상은
生丙午一九六六年九月二十七日

子準翼 준익
一名準湖字文彦生甲寅一九七四年六月二十日

子晩翼 만익
一名準晩字文輝生乙卯一九七五年八月二十九日

女美景 미경
生庚戌一九七〇年十一月十九日

女閨美 윤미

十八世

永春 영춘 見上 二九

字舜珉生壬午卒己丑五月十六日墓龍田龍岡堤内小谷艮坐

配永川李氏父英植生乙酉卒乙酉八月一

十九世

配豊山柳氏父甲龍生庚辰一九四〇年正月十五日

婿成相浩

子秀滄 수창

字河可生乙巳卒乙酉十月四日墓龍田龍岡堤下陰地山卯坐

配昌寧曺氏父秉成生庚子卒己亥二月二

二十世

月五日

配德山李熏父相文生甲辰一九六四年四月十二日

子晋晃 진황

一名晃生己酉一九六九年二月八日

女越子 월자

生乙巳一九六五年九月八日

女雄子 웅자

生丁未一九六七年六月十二日

女博子 박자

生壬子一九七一年二月八日

婿金榮洙

昌寧人子斗煥

子晋守 진수 爲后

生父秀祥一名晋平

字余集生甲戌一九三四年七月二十七日

配全州李順伊父康學生己卯一九三九年

二十一世

子聖翼 성익

生辛未一九九一年五月一日

清道人子秀翁

子成旻 성민

字德聖生戊申一九六八年三月十三日

女慈媛 자원

夫李東來

二十二世

慶州人子鑒潤

二十三世

子秀台 수태
字一松生丁卯一九二七年六月一日
配順興安氏父相晳生戊辰一九二八年七月十二日
配慶州李氏父健雨生辛巳一九四一年十二月十二日

子秀海 수해
字又憲生癸酉一九二三年四月十八日

日
配潭陽田美姬父斗善生庚子一九六〇年五月二十三日

子晋鶴 진학
字成山生庚子一九六〇年四月十二日
配昌寧曺榮伊父文相生癸卯一九六三年十一月二十五日

女晋淑 진숙

夫金吉洙

子虎晋 호진
一名虎成生甲寅一九七四年十一月五日

女英實 영실

夫朴德敏

女裕美 유미
生壬子一九七二年十二月十八日

子晋弘 진홍
一名政弘字德豪生庚子一九六〇年五

女娥英 아영
生戊辰一九八八年九月十二日

金寧人

在日本

竹山人

子敬翼 경익
生庚子一九九〇年三月二十五日

在日本

十八世

永旻 영민 見上二九

字敬五生丁丑敦寧府都正卒戊戌十二月二十九日墓龍田蘇亭圓峰寅坐有床石

配令夫人慶州金氏父成祥生壬午卒壬子五月二十八日墓公兆同原艮坐

配令夫人咸安趙氏父弘奎生戊戌卒甲子八月七日墓蘇亭圓峰下

十九世

婿徐圭滿

子秀寧 수녕 出后

子秀佶 수길

字文道生癸亥卒辛亥九月二十五日墓蘇亭大谷亥坐

配文化柳氏父寅都生辛酉卒己巳十一月十七日墓公兆同原

二十世

達城人子鍾遠

子晋石 진석

一名晋克生己丑一九四九年九月二十七日

配慶州李渭泰父圭學生壬辰一九五二年五月三日

子晋喆 진철

字成象生壬辰一九五二年十二月四日

配海州呉順男父萬点生甲午一九五四年六月二十三日

子晋希 진희

字成道生丙申一九五六年十二月十六

二十一世

女会娗 운정

生丁巳一九七七年十月十九日

女会珠 운주

生戊午一九七八年十二月五日

女世会 세운

生庚申一九八〇年二月六日

女会姫 운희

生乙丑一九八五年二月五日

子可翼 가익

生庚申一九八〇年四月八日

女可英 가영

生壬戌一九八二年五月二日

女裕貞 유정

生丙寅一九八六年六月一日

二十二世

二十三世

子秀津 수진
字德根生乙卯辛癸酉十月二十五日墓龍田里山五〇番地陽地山壬坐有碑石床石望柱石
配慶州金氏父奎成生辛亥辛戊申七月十九日墓雙墳壬坐

壻鄭鎭滉

生丁未一九六七年二月二十三日

壻徐東滿

壻李吉洙

子晋台 진태
字乃禹生丙子卒丙子八月二十一日墓先考兆下壬坐
配慶州金春花父泰煥生庚辰一九四〇年七月二十五日

子晋奎 진규
字乃善生辛卯一九五一年十一月二十九日
配昌寧張金子父泰圭生癸巳一九五三年八月三十日

壻安在炯

壻南昌燮

烏川人子淵堤

女貞妍 정연
生丁丑一九九七年五月三日

達城人子奉均

碧珍人子昌珉

子宗翼 종익
字旦海生壬寅一九六二年十一月十日
配善山金銀姫父敎植生丁未一九六七年五月二十三日

子煥翼 환익
字旦山生甲辰一九六四年十月二十五日

子晟翼 성익
生庚申一九八〇年五月一日

女荷嬪 하빈
生癸亥一九八三年三月七日

廣州人子慶浩

英陽人子光在

子重鎬 중호
一名成曄生庚午一九九〇年一月十六日

十八世

十九世

二十世

子晋發 진발
字乃文生辛巳辛酉六月十九日墓龍田洞從上谷花田壬坐
配神光陳貴泰父秉燦生丙戌一九四六年十月十七日

子晋潭 진담
字乃維號鶴巖生甲申一九四四年七月四日理學博士技術士大學教授
配全州李朝香父康文生乙酉一九四五年八月一日

子晟晋 성진
字乃順生壬寅一九六二年二月二十三日
配沃川陸沄祚父心格

二十一世

女貞子 정자

夫金厚炳

女洙慶 수경
生庚戌一九七〇年十月八日

女海慶 해경
生丙辰一九七六年六月三日

子紅翼 홍익
字旦昇生辛亥一九七一年十月二十五日

子大翼 대익
字旦齋生甲寅一九七四年四月五日

女雅正 아정
生乙卯一九七五年十一月三日

子元翼 원익
一名膧秀生辛未一九九一年一月二十九日

二十二世

一善人子晟啟

二十三世

文學精熟有遺稿臨
皐書院長卒癸酉八
月三日墓龍田里陽
地山卯坐從后孫奎
鎬撰碣

配慶州李氏父瑀炯生
己酉卒壬申七月十
七日墓合封有床石
望柱石

配月城李氏父春雨生
戊辰一九二八年三
月二十三日

配昌寧成福杓父洙夏
生辛未一九三一年
五月二十三日

配奉化琴順南父昔基
生辛巳一九四一年
七月十四日

子晋浩 진호
字乃川生乙亥一九
三五年三月七日

配安東權順達父燦圭
生己卯一九三九年
二月二十四日

月九日

配義城金玉卿父鎣大
生癸卯一九六三年
九月十五日

子京翼 경익
字旦花生庚戌一九
七〇八月二十日

子友翼 우익
字旦福生壬子一九
七二年八月二日

女正修 정수
夫金龍根

女廷義 정의
夫任重赫

子東翼 동익
字旦湖生己亥一九
五九年九月二日

配慶州金明蘭父景洙
生辛丑一九六一年
十一月二十五日

女敬淑 경숙
夫金龍泰

女熙媛 희원
生辛未一九九一年
七月二十七日

光山人子누리솔

豊川人子澤均

子正鎬 정호
生丙寅一九八六年
一月十六日

女正年 정년
生戊辰一九八八年
五月四日

金海人子大光

十八世

田索山最下峰丑坐
有床石望柱石

十九世

子秀殷 수은
字德潤號在田生壬
子遊明菴李泰一門

二十世

女順祚 순조
夫徐潤泰
女晋順 진순
夫金在田
子晋錫 진석
字乃彦生辛未一九
三一年十一月十日

二十一世

子務翼 무익
字旦松生戊戌一九
五八年一月二十二
日
配金寧金允先父炳秀
生癸卯一九六三年
四月四日
女鳳姬 봉희
夫金慶昇
女京姙 경임
夫李明浩
女玉童 옥동
夫金成洪
達城人警察署長長子
相鎭
子化翼 화익
一名漢植字旦草生
壬寅一九六二年九
金海人子泰慶

二十二世

子尹鎬 윤호
生癸酉一九九三年
三月十六日
女智鉉 지현
生己巳一九八九年
九月二十七日
延安人子基徵
慶州人子元徵
義城人理學博士
子元植
子連鎬 연호
生壬申一九九二年
十月一日

二十三世

永達 영달 見上二九
字孝可號槐菴生癸酉弘陵叅奉殫誠爲先塋碣建齋卒己丑八月二十二日墓古鏡面七田洞后山蔦嶺亥坐老田鄭煥國撰碣中齋李好大撰誌
配端人義城金氏父亮熙生丙子卒己亥十二月二十六日墓龍

婿成洛日
婿崔鎭玉
子秀洛 수락
字德中號樂圃生己酉遊明菴李泰一門文學精熟有遺稿卒乙未三月二十九日墓慶州西面阿火里后山亥坐有碑石床石望柱石
配烏川鄭氏父洙錫生丙午卒己巳十二月二十六日墓雙墳有床石

昌寧人子俊杰
永川人子泰源
子世晋 세진
字乃汝號德文生戊辰一九二八年八月七日初等學校長
配全州李貴連父康周生戊辰一九二八年四月二十六日

一名榮俊字旦善生戊申一九六八年十月二十三日
女石順 석순
夫韓文德
女翼順 익순
夫金南洙
女明順 명순
夫朴在勳
子斗翼 두익
字旦竹生庚寅一九五〇年三月二十五日東西證券(株)常務理事
配光山金香淑父良乙生丙申一九五六年正月十三日

淸州人子龍洙
金海人子永白
密陽人子庚辰
子東均 동균
一名東鎬生庚申一九八〇年三月六日
女定延 정연
生壬戌一九八二年閏四月二十三日
女寶延 보연
生丙寅一九八六年四月二十一日

十八世

星彙 相珏
永周 영주 見上 二九
字竹興生丙辰卒癸亥六月一日墓上梨洞檢亭谷先兆索山壬坐有床石
配鷄林金氏父龍採生己未卒丁丑十二月二十五日墓公兆下壬坐有床石

十九世

配烏川鄭氏父致秀生丙申卒辛亥十二月一日墓龍田洞后谷山四番地戌坐

子秀寧 수녕 1911 爲后
生父永昊字源準生辛丑卒癸未四月八日墓龍田從上谷新堤内戌坐
配烏川鄭氏父淵轍生戊戌卒己巳三月四日墓龍田從山谷公兆同塋乾坐

二十世

甲戌卒壬申八月十二日墓龍田后山壬坐

子晋讚 진찬
字道植生丁卯卒壬子八月二十六日墓考兆同塋卯坐
配全州李氏父起燮生丁卯一九二七年十一月十八日

二十一世

字清湖生辛亥一九七一年二月十七日

婿李甲植

婿李相烈

子廣翼 광익
字旦歐生己亥一九五九年三月二十四日
配忠州池明淑父末龍生壬寅一九六二年五月四日

子明翼 명익
字旦成生辛丑一九六一年七月八日
配清州韓氏生戊申一九六八年六月十九日

子京翼 경익
字旦宇生甲辰一九六四年十月二十五日
配安東權氏父寧雲生乙巳一九六五年三月二十二日

子俊翼 준익

二十二世

驪江人子成男

星州人子喆權

子大鎬 대호
生庚午一九九〇年十一月十五日

子炯鎬 형호
一名炯道生甲戌一九九四年十一月二十五日

二十三世

子星洛 성락

字獻圖生丁巳卒庚午四月八日墓龍田陽地山甲坐

配高靈金氏父漢奎生丁巳卒己巳二月十一日墓右鏡次堂谷坤坐

子星彙 성휘

字士吉號聾窩生乙未文行著世有稿見益陽誌卒壬伸正月十日墓龍田洞從上谷新堤内中嶝艮坐有床石

配昌寧曺氏父漸麟生戊午卒戊辰三月二十八日墓釜堤下陰地山甲坐有床石

子相採 상채

字致卿生丁亥卒丙戌七月十八日墓先妣兆下午坐

配清州楊氏父龍源生戊子卒戊戌八月二十五日墓龍田后山丑坐

婿成碩運

昌寧人

子相珏 상각

字兼玉號松波生戊子文學精深望重士林有遺集行于世卒庚子七月十五日墓龍田松亭從上谷外路嶝艮坐有碣愚波李宗基撰行狀晦宇辛檍撰碣東州崔碩基撰誌志軒李起轍撰遺集序

配烏川鄭氏父致運生己丑卒乙丑正月十四日墓龍田高嶺下介博谷辰坐有床石望柱

配義城金氏父悌相生庚戌卒丙辰八月二十九日墓公兆雙墳

子永復 見下一八七

婿鄭鎭弼

烏川人

婿金聖熙

鷄林人

子永周 見下一八八

子永達 見下一八九

子永旻 見下一九四

子永春 見下一九六

婿金錫文

鷄林人子濟東

婿鄭來禧

烏川人子希儉

婿金仲洛

金寧人子瀅圭

十三世

十四世

子昌杰 창걸
字文伯生丙寅卒己卯十二月十五日墓古鏡上梨洞檢亭谷壬坐
配坡平尹氏父精道生癸亥卒己亥四月二十五日墓龍田高嶺下壬坐

十五世

子海九 해구
字達仲生乙酉卒乙亥五月二十一日墓青石谷先兆右艮坐
配月城崔氏父應天生丙戌卒戊子正月十五日墓龍田高嶺下子坐

婿金履溫
鷄林人

婿成鼎和
昌寧人

子鉉九 현구
字重擧生壬辰卒甲午正月八日墓龍田陽地山丑坐
配坡平尹氏父昌文生辛卯卒甲戌十二月六日墓陽地山子坐

十六世

婿李東相
碧珍人子正錄

婿柳致範
全州人子龍鎭

子星曄 성엽
字休彦生乙巳卒三月十七日墓奎洞鼎谷巳坐有床石
配月城崔氏父命汶生辛亥卒壬子正月十六日墓軍威巢野屛風石下

十七世

子相奕 상혁
字國瑞號雲隱生甲戌文學精深有遺稿卒己亥七月二十三日墓華北蘇逸外平田丑坐有床石
配永陽尹氏父恒進生壬申卒甲申五月五日墓古老東部前山酉坐

子相五 상오
出后

婿朴壬述
咸陽人

十八世

子永泰
見下一七七

子永鶴
見下一八〇

子永喜
見下一八三

子永進
見下一八七

十三世

應晛 暐 宗善

德佑 덕우 見上一三

字周一生己卯卒己卯二月三日墓永川古鏡龍田高嶺下壬坐有床石

配密陽朴氏父慶泰生乙酉卒丙辰三月十三日墓龍田靑石谷乙坐

配月城李氏父震秀生

十四世

子以興 이흥

墓長鬐小昇谷亥坐

配達城徐氏墓同壙

子以祥 이상

配密陽朴氏

大謙 汝成

子裕杰 유걸

字君伯生己未卒乙卯二月十五日墓靑石谷先妣兆下艮坐

配東萊鄭氏父守大生丙寅卒庚午二月十一日墓同崗酉坐

十五世

子錫梅 석매

墓大松面松洞山子坐

配廣州安氏墓大朴谷甲坐

子錫權 석권

墓大朴谷壬坐

配順興安氏墓同壙

子錫好 석호

墓林谷堂内谷丙坐

配月城李氏父載榮

子準九 준구

字平仲生己卯卒戊寅五月二十六日墓陽地山癸坐

配永川李氏父文秀生己卯卒六月十五日墓龍田大楡谷辛坐

十六世

子必龍 필용

墓延日論谷子坐

配晋州河氏父有龍墓同原

子星泰 성태

墓大朴谷丙坐

配金海金氏墓同壙

子星參 성삼

墓先兆同原巳坐

配月城金氏

子星珍 성진

字畦甫生辛酉卒庚戌三月十日墓龍田泰山谷乾坐

配永陽李氏父德文生辛丑卒甲戌二月九日墓大楡谷高嶺下辛坐

配永陽皇甫氏父汲生乙卯卒庚戌二月三

十七世

巽坐

配仁同張氏父斗春墓石洞山三六境界下午坐失伝

子命三 명삼

子鍾稀 종희

卯大朴谷壬坐

配海州吳氏墓同壙

子鍾壽 종수

卒十二月二十五日墓林谷松田谷癸坐

配金海金氏父守日墓同壙

子相律 상률

字舜則生壬戌卒辛酉三月九日墓考兆下

配全州李氏父春旭生己亥卒辛巳十月九日墓先妣兆下

子相度 상도

字禹則生甲子卒己

十八世

子永元 영원

子永道 見下一六六

子永浩 見下一七〇

爲后

子永浩 영호

出后

應晛 응현 見上四

字子任號南溪生甲子龍蛇亂擧義殉節實宣廟壬辰八月二十一日以遺衣冠葬子青松縣西坪村文川里后山細嶝峰今縣西面道洞山六三酉坐向卯之原有碣贈奉訓郎儀賓府都事錄原從功臣命復戶享古川書院有遺事傍裔孫文庵厚翼撰家狀楊州趙夔熙撰遺事晴山權相翊撰碣明奄李泰一撰誌馨山李晚燾撰神道碑銘

配淑夫人昌寧曺氏父以觀生壬戌卒癸卯二月二日墓永川梨洞城隍北辰坐

應昌 응창 見上四

字仲任生丁亥折衝將軍僉知中樞府事卒甲辰三月二十一日墓永川琴湖巨余楮洞子坐

配淑夫人慶州金氏卒甲辰十月十八日墓

子暐 위

字明夫生甲申訓鍊副正卒辛巳五月十九日墓永川古鏡下梨洞梧谷堤內甲坐

配順興安氏父別坐景福生戊子卒壬辰八月五日墓下梨洞水柿谷庚坐

子曇 담 爲后

生父應明字景清生甲戌宣祖朝武科禦侮將軍通訓大夫務安縣監事載與地勝覽卒癸未五月二十六日墓巨余鳳亭山丑坐從后孫晚汕奎

子宗業 종업

子宗善 종선

字元哉生丙午卒庚子七月三日墓梧谷堤甲坐

配月城李氏父時春生丁未卒辛亥三月五日墓同原

子宗儉 종검

字尚簡生庚午卒五月三日墓水柿谷庚坐

配永陽李氏父致五生壬子卒三月十日墓同壙

子宗義 종의

字郁哉生己亥通德郞卒己巳十二月十三日墓考兆下

配恭人烏川鄭氏父延吉生乙亥卒甲戌九月二十日墓公兆下

子大謙 대겸 爲后

生父宗義字而進生癸巳卒甲子九月十五日墓永川下梨谷堤內甲坐

配慶州金氏父以礪卒十月十五日墓公兆下

子大楹 대영

字而達生丙申卒壬辰墓清鏡梨洞水柿田谷辰坐

配慶州金氏父榮卓墓同原

配永川皇甫氏父垂生丙午卒十二月二十一日墓昌河

子大謙 대겸 出后

子大觀 대관

字季賓生辛巳卒庚辰三月一日墓琴湖鳳亭楮洞子坐

配月城李氏父慶雄生癸未卒庚辰八月二

子汝成 여성

字文作生戊午卒己丑七月二日墓龍田釜堤下陽地山壬坐

配碧珍李氏父惟蕃生丁巳卒甲寅六月五日墓上梨洞檢亭壬坐

子萬晟 만성

子汝萬 여만

字景可生庚申卒三月八日墓昌河后山子坐

配平海黃氏父載弼生辛未卒六月十九日墓同壙

子汝和 여화

字聖老生丙辰官沙現察訪卒丙寅正月二十一日墓思美洞先妣兆下

配烏川鄭氏父世茂生

子德佑 見下二六

子德宗 見下三四

子德三 見下三六

子是翊 見下三六

子是楷 見下三七

三世

四世

五世

子 昕 흔

字長玉生 世祖朝成均生員資性純厚篤學是務以文行見於當世事載與地勝覽墓青松郡縣西面蕪溪里后山乾坐從后孫文巖厚翼撰碣

配宜人晋州河氏父繼溥墓同壙

六世

字彦光號漁隱修義副尉以德行聞于世墓上達田酉坐有碣

配昌寧成氏父羽墓公兆后有碣

壻琴元亨

壻李 蕃

壻姜仲默

子世暾 세돈

字光彦生戊子將仕郎忠順衛禦侮將軍卒辛卯十月 日墓考兆下乾坐中齋李好大撰碣

配恭人豐德柳氏父龍河卒丙午墓同壙

七世

生父李暾字則平生正德己卯官通政大夫直長卒癸未五月一日墓江東面公政洞大釜嶝子坐有碣

配淑人仁川李氏父郡守是彦墓同壙

奉化人

驪江人贊成子彦迪晦齋文元公

晋州人判書

子 暉 휘

字淑章生庚申官僉知中樞府事卒戊午八月十五日墓祖兆后有壇石碑

配淑夫人平山申氏卒丙寅四月三日墓同原

子 曦 희

字敬章生 仁廟甲子忠順衛卒癸亥甲~~子忠衛衛卒癸亥墓~~祖兆后子坐有壇石碑

配月城金氏父恭奉台年卒丁卯正月二十日墓公兆下

八世

子慶勒 경륵

子尚勒 상륵

子三勒 삼륵

壻辛得龍 縣監子恂

壻朴弘長 務安人府使

子應昉 一見一〇下

子應晶 一見一一下

子應明 一見一二下

子應曠 一見一二下

子應晛 一見一三下

子應昌 一見一三下

慶州(月城)孫氏生員公派譜 全

一世

敬源 경원

奉翊大夫密直司事

二世

玄儉 현검

嘉靖大夫檢校中樞副使

三世

登 등

承議郎司憲府監察 贈通政大夫戶曹參議墓尙州郡中東面鼎谷卯坐有碣九代孫德升撰後癸酉改立鶴樓柳台佐撰

配 贈淑夫人寧海朴氏父戶長時遇墓公兆后

四世

子士晟 사성

生洪武丙子弱冠中司馬世宗五年癸卯文科辛酉二月 上命集賢殿諸臣議定訓民正音而公以副校理與焉行通政大夫兵曹參議 贈純忠積德補祚功臣嘉善大夫兵曹參判追封鷄城君自尙州來居青松安德里卒 成宗丁酉四月二十二日墓青松文居驛後酉坐八代孫德升撰碣四佳徐居正永川朝陽閣記稱以孫先生晦齋李彦迪清道郡清德樓詩徘徊慕清德樓詠有孫侯

配 贈貞夫人安東權氏父直長明利卒丁

五世

子旭 욱

癸酉文科官掌令李施愛叛於吉州公以嶺北御史死節咸興墓永川郡獐項明床洞有短碣床石

配 慶州金氏父李暾墓同原

子昭 소

字日章號松齋生宣德癸丑 世宗十五年七月十一日癸酉二月中司馬生進兩試己卯登賢良科魁文藝試選南床丁亥討李施愛精忠出氣敵愾二等勳官吏曹參判封鷄川君圖像藏于忠勳府 賜副本于本家卒甲辰三月七日

六世

婿趙文琳

婿李陽

婿朴璸

子伯暾 백돈

號杏村副司勇墓有琴里火峴山酉坐有床石

配 羽溪李氏父亨秀墓同原

子仲暾 중돈

七世

漢陽人參奉子恁

星山人進士子遜亨

密陽人進士子允秀

子暐 위

婿李世輔

婿柳應禎

婿朴良俊

子曔 경

八世

婿李鐵壽

月城人子儀

婿尹世鵬

子仁傑

子光曙 광서

23

應昌—罍—宗義—大觀—汝和—是楷—曾杰—鶴九(系)星孟—鍾澤(系)永植—秀龍—敏佑 兵川

星台—鍾建
- 鳳永—秀海
  - 晋哲—英翼
  - 晋鎬—弦翼, 準翼
  - 晋奎—大翼
  - 晋萬
- 完永—秀系
  - 晋權
  - 晋天
  - 秀凡(出)
- 彥永—秀凡(系)晋杰

鍾亨—永淳—秀昌—晋福—基翼—銀鎬

相永—秀耆
- 晋萬—俊翼
- 晋午
- 晋根

禹永—秀祜
- 晋成
- 晋仁
- 晋卓
- 晋先

秀丙
- 晋玉—鎬翼
- 晋河—正翼
- 晋雲
- 晋鉉

秀乙
- 晋權
  - 炳翼—相鎬
  - 萬翼
  - 孝翼—俊鎬
- 晋太—鉉翼
- 晋遠—敎翼
- 晋坤—坡翼, 祥翼
- 晋洪—泳翼, 鍾翼
- 晋得—英翼

二五三 二五二 二五一 二五〇 二四九 二四九 二三七 二四五

八世 九世 一〇世 一一世 一二世 一三世 一四世 一五世 一六世 一七世 一八世 一九世 二〇世 二一世 二二世 二三世 二四世

- 晋浩—泰翼
- 晋元—賢翼
- 泰晋
- 晋禹

宗俭—大榲—萬晟

汝萬—是翊—仁杰—在九—星斗—鍾學

- 和永—秀五—晋一—盛翼—讚鎬
  - 般鎬
  - 景翼
  - 晋華—虎翼—昌鎬
  - 晋現
  - (長川)
- 秀啓—晋亮—在翼—鎬淵
  - 鎬俊
  - 成翼—鎬榕
  - 昌翼
- 淵永—秀在—晋孝—明翼—焄鎬
  - 佑鎬
  - 晋洙—光翼
  - 年翼
  - 晋忠—遠翼
  - 晋善(出)
- 聖永—秀碩—晋珉—秋翼—斗鎬
  - 鳳翼—赫鎬
  - 壬翼
  - 石翼
- 秀泰—晋善(爲)—台翼
  - 弘翼
- 秀斗—晋睦
- 秀晚—晋喆—晙翼
  - 東翼
  - 晋禹—揆翼
- 夏永—秀甲—晋淑—贊翼—旻鎬
  - 起翼

二三七 二三九 二四〇 二四一 二四二 二四三 二四五

世系表

- 德三—英杰
  - 壽九
  - 重九—星河—相彦
    - 永夏—秀日
      - 晋顯
        - 德翼
          - 炳榮
          - 昌鎬
        - 天翼—孝京
        - 大翼—亨卓
        - 成翼㊤出
        - 榮萬
      - 晋出—成翼㊤爲東亦
    - 永夏—秀溶 (日本)
      - 晋坤
      - 晋水㊤出
      - 晋錫
    - 永夏—秀達—晋水㊤爲
    - 永說㊤出
    - 永禹
      - 秀龍
        - 晋洛
          - 翼相
          - 春翼
        - 晋旭
        - 晋碩—翼道
        - 晋滿
          - 曉翼
          - 俊翼
      - 秀甲—晋道—熙翼

- 永琪
  - 秀周㊤出
  - 秀澤
    - 晋喆
    - 晋浩
    - 晋萬
- 永珏
  - 秀用
    - 晋在—宇翼㊤爲日鎬
    - 晋太
      - 宇翼㊤出
      - 寅翼
        - 世鎬
        - 錫鎬
  - 秀完—明晋
    - 翼正—龍鎬
    - 大翼
      - 硐鎬
      - 沅鎬
    - 浩翼

二三五	二三四	二三三	二三二	二三一	二二九

八世 / 九世 / 一〇世 / 一一世 / 一二世 / 一三世 / 一四世 / 一五世 / 一六世 / 一七世 / 一八世 / 一九世 / 二〇世 / 二一世 / 二二世 / 二三世 / 二四世

- 允杰
- 命杰
  - 益九—星奎(爲)
  - 榮九
    - 星奎(出)
    - 星五
    - 星八
      - 相雲—永吉(爲)—秀周
        - 晋巖 (二二三)
          - 壽翼
            - 在鎬
            - 喆鎬
          - 富翼—泰鎬
        - 晋達—翼魯—慶鎬 (二二四)
        - 晋雨 (二二四)
          - 翼洛
            - 龍鎬
            - 相鎬
            - 大鎬
          - 官翼
            - 永鎬
            - 文鎬
          - 元翼
            - 宗鎬
            - 昌鎬
          - 政翼—星鎬
          - 昌翼—重鎬
        - 晋洙 (二二七)
          - 主翼—星鎬
          - 再翼
            - 主鎬
            - 正鎬
          - 大翼
            - 宗鎬
            - 環鎬
          - 佑翼—昌鎬
        - 晋玉 (二二八)
          - 翼泰
          - 聖翼
            - 榮晧
            - 智鎬
          - 勇翼
      - 相基
        - 永吉(出)
        - 永玟
- 星大
  - 永述
  - 永機

世系表

- 德宗 — 振杰 — 興九 — 星斗 — 相魯(爲)
  - 永澤
  - 永文
- 弼杰
  - 夏九
  - 慶九 — 星七
    - 相元
    - 相三 — 永鶴
    - 相天
  - 道九 — 星甲 — 相文 — 永華
    - 秀祚
      - 晋龍
        - 原翼 — 榮鎬
        - 尙翼
          - 根鎬
          - 東鎬
          - 泰鎬
      - 晋植
        - 戊翼 — 周鎬
        - 成翼
          - 辰鎬
          - 昌鎬
        - 洙翼 — 俊鎬
    - 秀出 — 晋浩
      - 元宰 — 溢鎬
      - 周翼
        - 晤鎬
        - 晟鎬
- 秀丁
  - 晋日
    - 補翼 — 亨逵
    - 暢佑
      - 旼究
      - 昊成
  - 晋三 — 翼涇
- 秀東
  - 晋相 — 泰翼
  - 晋元 — 龍翼
  - 晋悅 — 裕翼
- 秀鶴
  - 晋煥 — 肅範
  - 晋圭
    - 眞烘
    - 晟薰
- 晋述
  - 翼柱 — 志鎬
  - 翼守
- 晋寬
- 晋都
- 慶翼

二二二 二二一 二二〇 二一九 二一七 二一六 二一六

八世 九世 一〇世 一一世 一二世 一三世 一四世 一五世 一六世 一七世 一八世 一九世 二〇世 二一世 二二世 二三世 二四世

- 星昊
  - 相俊—永一
    - 秀麟—晋漢—鳳翼 （二〇五）
      - 相翼
    - 秀鳳 （二〇五）
      - 熙晋
        - 奎翼
        - 洪翼
      - 得晋
  - 相佶—永植
    - 秀巖—晋慶㊢—濟翼 （二〇六）
      - 昌翼
    - 秀天—晋福 （二〇七）
      - 大翼
      - 佑翼—燦鎬
    - 秀駰 （二〇八）
      - 晋慶㊇
      - 晋碩—昳翼
      - 晋江—培翼
      - 晋星
  - 相台—永琪
    - 秀滿 （二〇九）
      - 仲晋
        - 在翼
        - 容翼
      - 利晋
        - 和翼
        - 源翼
        - 有翼
      - 光晋—昌翼
    - 秀榮 （二一一）
      - 泰晋—宗翼
      - 宅晋—承翼
      - 石晋—周翼
      - 成晋
      - 善晋
      - 喜晋
      - 浩晋
    - 秀海 （二一四）
      - 昱晋—桀梧
      - 斗晋—準翼
      - 晋東
- 鼎九
  - 星洪—相鎬
  - 星郁—相五㊢—永說㊢—秀珉—晋睦 （二一五）
    - 翼熙—志昊
    - 榮翼—旼好

- 永春
  - 秀台—虎成
  - (continued line)
    - 晋喆—可翼 (日本)
    - 晋希 〃
    - 晋鶴
  - 秀海
    - 政弘
      - 敬翼
      - 聖翼
    - 晋晃
  - 秀滄—晋守(爲)—成旻
  - 秀祥
    - 晋守(出)
    - 晋道
      - 準湖
      - 準晚
  - 秀八
    - 晋玉—正勳
    - 晋佑—炯壽
    - 晋弼—翼元
    - 晋翰
      - 晩翼
      - 順翼
    - 晋國—翼煥

- 星泌
  - 相璘
    - 永深—秀仁
      - 晋天—龍翼—鎬相
      - 晋宇—翼壽—圓京
      - 晋哲—翼俊
    - 永壽(出)
  - 相斗—永壽(爲)—秀福(爲)—晋宇
    - 虎翼—成薰
    - 昌翼
  - 相燮—永基
    - 秀福(出)
    - 秀華—晋東(爲)
      - 昇翼
      - 采翼
      - 長翼
    - 秀七—晋午—成赫
    - 秀哲
      - 晋東(出)
      - 晋涉
        - 寬翼
        - 元翼
      - 晋璿—侑翼

一九五 | 一九六 | 一九七 | 一九八 | 二〇〇 | 二〇二 | 二〇三 | 二〇三 | 二〇四

八世 九世 一〇世 一一世 一二世 一三世 一四世 一五世 一六世 一七世 一八世 一九世 二〇世 二一世 二二世 二三世 二四世

- 周鎬—仲洛
- 相鎬—光洛
- 明鎬—晟洛
  - 慶洛
- 翼煥—永鎬
  - 世鎬
- 永進—秀元—晋卓
  - 晋琪—成翼—章鎬
  - 晋坤
  - (中國)
- 相五(出)
- 星洛—相採—永復—秀萬
  - 秀一—晋八—靖翼
    - 齊翼
- 星彙—相珏—永周—秀寧(爲)—晋讚—廣翼—大鎬
  - 明翼—炯道
  - 京翼
  - 榮俊
- 永達—秀洛—世晋—斗翼—東均
  - 務翼—尹鎬
  - 秀般—晋錫—漢植—連鎬
    - 京翼
    - 友翼
  - 晋浩—東翼—正鎬
  - 晋發
  - 晋潭—紅翼
    - 大翼
  - 晟晋—膽秀
  - 秀津—晋台—宗翼—成曄
    - 煥翼
  - 晋奎—晟翼
- 永旻—秀寧(出)
  - 秀佶—晋石

一八五 一八七 一八七 一八八 一八九 一九〇 一九三 一九四

世系表

- 昌杰
  - 鉉九 — 星曄 — 相奕 — 永泰
    - 秀佑
      - 晋澤
        - 翼鳳
          - 廣鎬 — 東洛
          - 廷鎬 — 明洛
        - 翼化 — 在鎬 — 丁洛
      - 晋海(出)
    - 秀弘(出)
  - 海九

一七七

- 永鶴 — 秀弘(爲)
  - 晋河
    - 翼宣
      - 敬鎬 — 金洛
      - 榮鎬
        - 德基
        - 頂基
      - 元鎬

一八〇

    - 翼範
      - 泰鎬 — 東洛
      - 仁鎬
      - 萬鎬
      - 昌鎬 — 元洛
      - 燦鎬

一八〇

  - 晋川
    - 翼洙
      - 春鎬
        - 炫珉
        - 成權
      - 基鎬
    - 翼哲
      - 正鎬
      - 成鎬 — 燦律
      - 大鎬
    - 翼源
      - 相鎬
      - 昌鎬
    - 翼泰
      - 会鎬
      - 慭鎬

一八一

- 永喜 — 秀基 — 晋海
  - 翼天
    - 德鎬
      - 昌洛 — 東源
      - 榮洛 — 東國
    - 重鎬 — 明洛
    - 慶鎬
      - 基洛
      - 正洛

一八三

  - 翼好 — 哲鎬
    - 銀洛
    - 宗洛

一八四

八世 九世 一〇世 一一世 一二世 一三世 一四世 一五世 一六世 一七世 一八世 一九世 二〇世 二一世 二二世 二三世 二四世

- 應晛—暐—宗業
- 宗善—大謙—汝成—德佑—裕杰—準九—星珍
  - 相律—永浩(系)—秀萬—晋璞—翼煥—定鎬 追谷 (一七〇)
  - 相度
    - 永浩(出)
    - 永洙 (一七〇)
      - 秀益
        - 晋德
          - 翼龍—升鎬 / 正鎬
          - 元翼
        - 晋鳳 (一七二)
          - 明彦—慶鎬 / 商鎬
          - 翼元—民鎬 / 成鎬
          - 慶翼—晙鎬
          - 翼成
      - 秀桓
  - 相禹—永渭—秀斗(系)—晋富—翼珠 (一七三)
  - 相洛—永淑
    - 秀針—晋鶴—翼爀—正浩 (一七四)
    - 秀玉 (一七五)
      - 晋壽
        - 鍾福—扶均
        - 鍾烈—永勳
        - 翼萬—準基
        - 翼龍—成鎬
      - 晋富(出)
      - 晋泰—大賢 / 大植
    - 秀斗(出)
  - 相魯(出) (一七七)
- 秀坤 (一六九)
  - 晋澤(出)
  - 晋龍—萬翼
    - 元琪—禎昱 / 禎建
    - 世鎬—茂壽
    - 在鎬—祥惠 / 世旭
    - 晟鎬—東奭
- 敬道—達深 (日本)

慶州(月城)孫氏生員公派世系表

一世 二世 三世 四世 五世 六世 七世 八世 頁

- 敬源—玄俭
  - 登—士晟
    - 旭
    - 昭
    - 昕—世暾
      - 暉
        - 應昉 一
        - 應晶 八
      - 曦
        - 應明
        - 應曠 九
        - 應晛 一三
        - 應昌 二三
      - 映
        - 應福 二七
        - 應梅 四九
    - 晋
  - 士章
  - 士良
  - 士寧
  - 士溫
  - 約
    - 仲謙
    - 季謙
    - 末謙

八世 九世 一〇世 一一世 一二世 一三世 一四世 一五世 一六世 一七世 一八世 一九世 二〇世 二一世 二二世 二三世 二四世

- 應昉—大樑—起南—慶得—忠胤—弼世—壽杰—孝命—星逸—相顥
  - 永潤
    - 秀元
      - 晋文—待翼—名鎬 七一
      - 晋萬
    - 秀亨—晋基—壽翼
      - 昌鎬 七一
      - 富鎬
    - 秀鎔
      - 晋善
      - 晋又
        - 龍翼—景鎬 七三
        - 次翼
        - 三翼
  - 永機
    - 敬秀—晋誠—春翼(爲)昌賢 七四
    - 福秀—晋錫—春翼(出)

曉洞(대子)

慶州(月城)孫氏生員公派譜 全

世系表

國譯 松坡遺集

제3부 부록

제2절

족보

경주손씨생원공파 일부

棄子姪今爲七十衰耋則典型之寓慕謦欬之依
憑豈不在茲乎惟其平日文學之精瀠孝友之卓
異鄉里老宿莫不有挽誄狀碣永有辭於百世矣
從叔伯仲分不忍付之蟲魚累草成卷謀諸當日
摳衣家後進將付之印繡以圖久遠曰此事若不
成此日安知異時之風塵爲如何哉此誠至當之
訓敢不唯從且以一言勉我後裔勤讀此集以府
君之心爲心以府君之行爲行夙夜匪懈无忝所
生則豈不爲葩經永錫爾類之謂乎進進不已府
君之靈亦將悅豫陰隲於冥冥之中矣茲敢書一

言于下方以資百世无窮之思嗚呼痛哉不肖曾
孫晋讚敬書

後識

夫士有德則有言其德其言可以推重當世矜式來世矣近故松坡孫公有德有言而天姿倜儻志操堅確早年志學而以榮親之心暫試名韁累中鄉試然竟不利於省圍而且觀苞苴之公行幡然改途以聖賢爲己之學爲立心行己之方而嘗究研乎彝倫上做去與坊里士友鳩財滋殖而創建書塾訓誨村秀以六經四子爲主本追其風和日煖招速士友逍遙吟咏於名山麗水之間所著詩文俱出乎情性之正景物之眞囂囂然有好氣像好意味實有助於後生

而可傳者也豈不休哉公之肖孫秀殷協謀門內與及門家方受弁文及狀碣而合編一弓以付石印爲不朽之計請余一言以殿之竊念吾王考府君曾於公有立雪而執灑掃之役則余雖無狀曾劣挨諸事契之重有不可終默者畧書數語以寓景慕之忱云爾

己酉蔞夏之下浣鄉後學星山李璐基謹識

跋

嗚呼我曾王考五昆季以文學鳴于世而王考府君早承庭訓才超上乘趾美襲休資堪立身顯親而不求於世抱經潛伏留意於爲己之學窺斑於聖經而卑視程文之工平日起居動靜疾言不出於口遽色不設於身足跡不及於市肆言論不及於是非世俗戲慢之說不掛於唇舌家間冗鎖之事不營於心非其義則芥不取銖不與性又謹愼周密未嘗無嫠婦漆室之憂而曾不答家人溫樹之問此皆一生操行八九分影子而捐世于不肖未生之前平素日用行事畧畧聞之而以至於造詣之域純粹之行只觀於多士月評軒輊之如何耳豈敢一毫阿好溢美有聞於父母昆弟之言乎噫府君中年出試場屋本非雅意而拘於榮親之道不容自已耳竟未中金榜之

射決灞以歸牢閉衡門緇書繕性以待束帛自至之日矣以若公輔之資縵可及泉而終老林泉之下井渫不食之歎古今慨惜者一也府君一生所著詩若書及侑文雜著若干冊子藏在巾衍而幸免南北兵火無恙保守者似有待於今日矣賴此門生捐助之力爰謀鋟梓以圖來世壽傳之策非敢曰肯構有後而或向人有言無愧耶爲我後承者念祖修德無忝所生是所望於來裔矣

丙午元月人日不肖孫秀殷泣血謹跋

右二篇一冊我曾王考松坡府君事行也府君之

公于追谷松亭里第生而天資穎悟聰明過人受
學于先考聾窩公不煩繩督而服習教訓及長通
經史文思日進聾窩公甚奇愛之事親承順無違
戊辰丁內憂依禮終制壬申遭外艱一如前喪先
祖生員公及南溪公斧堂在青松文川而山阪及
位土爲他人所奪矣府君屢訴于官竟得伸理復
爲自家所有莫非誠力所致也以榮親之心嘗業
程文屢試不中而渡灞而歸自後改道易轍負抱
經籍晦迹於故山之中將以求所未知教授諸生
爲樂隨其才質而迪之多有成就焉暇日逍遙於

林壑之中或吟哦以詩暢叙幽懷澹然無需世之
志而若將終身焉光武庚子七月十五日考終于
寢享年七十三葬于龍田洞從上谷外路嶝艮坐
之原配烏川鄭氏致運女剛義公后己丑十一月
五日生乙丑正月十四日卒墓龍田洞高嶺下介
博谷辰坐之原繼配義城金氏悌相女畏齋公后
庚戌六月十七日生丙辰八月二十九日卒墓公
兆同原在右生四男三女永周鄭氏出也永達永
旻永春金氏出也女適慶州金錫文烏川鄭來禧
鄭氏出也女適金寧金仲洛金氏出也永周繼男

秀寧女適昌寧成洛日永陽崔鎭玉永達三男二
女秀洛即不肖也次秀殷秀津女適烏川鄭鎭滉
達城徐奎滿永旻四男一女長秀寧出伯父后次
秀佶秀台秀准女適昌寧成相浩永春三男四女
長秀滄次秀祥秀八女適昌寧曺殷煥密陽朴炳
郁慶州金達善密陽朴昌鎬錫文男濟東來禧男
希儉仲洛男榮圭源圭洪圭內外孫曾凡數十人
多不盡錄嗚呼府君造詣之深存養之工宜有可
傳於後世而府君之歿距今七十年有奇矣當日
及門諸生次第晨星則無所證質而但依據諸公

侑祭之文記其萬一而敢俟後來知言者公論耳
歲庚寅三月吉日不肖孫秀洛抆淚謹述

松坡遺集卷之二

異質受學於先考聾窩公能辨義理通經史事親至孝戊辰丁内艱壬申丁外艱俱依禮終制先祖生員公及南溪公墓在青松文川而山岅及位土爲人所奪公屢訴得伸寔公之誠力也嘗攻科業屢試不中恬然而歸自茲遯跡林泉樂志田園不求人知而德必有隣故鄕里秀才挾冊從遊者有多焉乃隨其材質而成就之　光武庚子七月十五日考終于寢享年七十三葬于龍田從上谷負艮原配烏川鄭氏致運女生己丑十一月初五日卒乙丑正月十四日墓龍田高嶺下介博谷辰坐

生一男永周二女金錫文慶州人鄭來禧烏川人繼配義城金氏悌相女生庚戌六月十七日卒丙辰八月二十九日墓祔元位右生三男永達永旻永春一女金仲洛金寧人永周繼男秀寧女成洛日昌寧人崔鎭玉永陽人永達男秀洛秀殷秀津女鄭鎭滉烏川人徐奎滿達城人永旻男秀寧出秀佶秀台秀淮女成相浩昌寧人永春男秀滄秀祥秀八女曺殷煥昌寧人朴炳郁密陽人金達善慶州人朴昌鎬密陽人曾玄不盡錄嗚呼公生於世家其孝友詩禮蓋有濡染而晩暮有得居松號

松同松而貞百折不屈同松而翠四時長春則苟非立志之高求道之切能之乎其於知舊諸賢誄文之撰述亦可見公之平日德行也日公之孫秀殷甫齎其伯兄秀洛所撰家狀而來囑其幽竁之文顧余無文者何敢當是寄而挨諸世契不可固辭畧加櫽括乃爲之銘銘曰

生而托志於蒼松兮可以傲霜雪而不隕死而勒名於貞珉兮可以閱風雨而不泯

甲辰十月下旬永川崔碩基謹撰

遺事

府君諱相珏字兼玉世居松亭而愛松之晩翠故自號松坡姓孫氏系出月城而新羅大樹村長之後也以文孝公諱順爲上祖至麗末諱登監察　贈戶叅有山杏唱和之詩及崧陽血石之蹟享杜門書院入我　朝有諱士晟封鷄城君　贈補祚功臣兵叅生諱昕生員有孫曦忠順衛生諱應晛號南溪壬亂倡義殉節西川　贈都事享古川書院生諱暐訓鍊副正於公爲八代祖高祖諱德佑曾祖諱昌杰祖諱鉉九考諱星彙號聾窩有文行妣昌寧曺氏漸麟女　純廟戊子十月十七日擧

陽崔鎭玉壻也永達三男秀洛秀殷秀津烏川鄭鎭滉達城徐奎滿壻也永旻四男秀寧出秀佶秀台秀淮昌寧成相浩壻也永春三男秀滄秀祥秀八昌寧曺殷燠密陽朴炳郁慶州金達善密陽朴昌鎬壻也錫文男濟東來禧男希儉仲洛男灤圭源圭洪圭內外孫曾熾而昌公諱相珏字兼玉受松之晩翠自號松坡生 純祖戊子十月七日卒光武庚子七月十五日壽七十三而殯于龍田從上谷路嶝艮坐原公受姿醇朴聰睿出凡聾窩公教之不督而自知勤學涉獵經史文藻逸發聾窩公期以遠到奉二親服勤養志及遭內外艱以禮終制生員公及南溪公墓在靑鳧文川而山版與人有訟屢訴官府竟獲伸理其誠之攸格也嘗治公車屢試不中乃歎曰命也遂斂跡閉門沉潛書史信從者多因其材而篤之時或相羊於溪山林樾之間而寓樂焉及歿也當時知舊暨門生文以祭之畧曰詩禮箕裘孝友茶飯早業翰墨晩樂畎畝工於科文而屢灑渡灞之淚老於林泉而世無詮選之公行已修矣才亦邁矣不求聞達優游晩景蘭生幽谷不播而香玉蘊深山不琢而章出

而爲一坊表率入而爲一門棟樑此皆公之德之行之實而可以知一生之績於學而篤於行矣詩文之在巾衍者蒐而輯之凡若干編而已門人嘗捌契而殖之今因其資而將表石于羨門其孫秀殷與晉讃來示遺事曰此亾兄秀洛所述而有志未遑也願銘以惠之焉有不得辭者遂叙而次之系以銘曰

以孝爲本由學而推有具未售惟命之畸志雖不究善旣及人銘以表隧徵諸百春

歲癸卯流火節鷲山辛檍謹撰

墓誌銘

公姓孫氏諱相珏字兼玉號松坡系出月城新羅有諱順以孝有石鍾之異卽其上祖也簪組赫世而入我朝有諱士晟兵曹參議鷄城君 贈兵判生諱昕生員生諱世暾有隱德生諱曦忠順衛生諱應晛號南溪壬亂倡義殉死慶州西川 贈都事享古川書院生諱暐訓鍊副正於公爲八代而有諱德佑諱昌杰諱鉉九卽高曾若祖也考諱星彙號聾窩妣昌寧曹氏漸麟女有婦德 純廟戊子十月十七日擧公于永川追谷松亭里第生有

命赴試禮闈時苞苴行而關節通矣遂焚藁而歸杜門不復出益肆力於爲己之學戊辰丁内憂情文備至壬申遭外艱哀毁如前喪灌獻必盡追慕之誠先祖生員公及南溪公衣履之藏在青鳧而位田及墳山俱爲奸猾所吞公不憚重研盡誠推委竟得歸化人皆稱服於物無所好惟以劬經研理爲畢命之地暇日或逍遥於林壑吟哦以見志仍坊名而揭之楣以寓歲寒之意後進之就質者亦多有成就焉以 高宗庚子七月十五日考終于寢享七十三矣葬于龍田洞從上谷外塋負艮原配烏川鄭氏致運女墓在介博谷坐辰原生一男永周二女適慶州金錫文烏川鄭來禧義城金氏悌相女墓祔公墓右生三男永達永旻永春一女適金寧金仲洛永周无嗣以永旻子秀寧爲子永達男秀洛秀殷秀津永旻男秀寧出秀佶秀台秀准永春男秀滄秀祥秀八内外孫曾多至數十人餘不盡錄於乎公之行今不可詳而夷攷當日祭公之文有曰氣局寬弘性度温淳有曰蚤業翰墨晩樂畎畝有曰承襲家庭德優學博有曰世無銓選之公竟以處士題旋皆出於門生知舊薰覿

之餘則此可以知公矣曰秀殷以其伯兄秀洛所撰家狀一通來請余以善狀曰吾祖遺咳一号在巾衍者中經世閲已不保其全矣安知數世之後爲蠹食烟煤之已盡耶今將乞言于名家爲後日計願借一言以爲重余辭不獲謹因來狀而隱括之以塞慈孫之懇以待世之能言君子之採擇云爾 癸卯中秋節碧珍李宗基撰

墓碣銘 并叙

月城之孫系出新羅大樹村長之後而文孝公順有石鍾之異以孝著於史至麗李監察登有崧陽石血之義 贈戶議享杜門院入我 朝鷄城君士晟兵參 贈補祚功臣生諱昕生員曾孫曰應晛壬辰倡義立懂西川號南溪 贈都事享古川院皆顯祖也曰德佑曰昌杰曰鉉九曰星彙號聾窩有文行高曾祖若考也妣昌寧曺漸麟女配烏川鄭致運女己丑生乙丑歿墓龍田介博谷辰坐繼配義城金悌相女庚戌生丙辰歿墓在公兆右四男永周鄭氏出也永達永旻永春金氏出也三女行慶州金錫文烏川鄭來禧鄭氏出也行金寧金仲洛金氏出也永周嗣男秀寧昌寧成洛日永

盡之債庶售於今日而未瞑之目瞑于今後云矣則小子之寸鐵在胷從此將銷矣此向所謂發言淚墜茹物臆塞者也嗚乎蕉荔薄奠胡亂拙詞敢陳微忱之萬一未昧者尊庶記小子之情而欣然歆格

又　　三從姪永渭

嗚乎大凡親踈閒以生哭死者率以阿辭筆舌虛張科目以告冥聽而小子今日哭公則不然實以平日矜恤之情備於文而哭之以私靈其垂憐而肯聽否於乎小子自齠齔奄哭失怙流離漂泊而

惟公仁厚之心敦睦之誼教我導我稼穡之艱産業之窘各授其方撫育之情勸愛之心無間於親子侄則小子雖斗筲庶一物承公之誨仰公之德出則銘肺入則鏤心源源拜候於軒屏之下則欽欽之情申申之誨愈久益深而况又獨立氣宇大廈棟樑私心切祝百歲不足矣奈之何門祚衰薄小子無祿公其乘化仁壽福善之訓便作紙上空談耳古人云人生無根蔕飄如石上塵果是七旬光陰曾不能一瞬也孤陋無狀從何復聞精詳之言乎嗚乎小子獲戾於天而年踰五十無子男之育去歲以從姪爲入承生免不孝之罪死有生世之跡一大幸也公之歸也必與吾先君握手歡欣無異陽界則倘傳夫小子之言於吾先君耶嗚乎日月不留仲祥奄迫如新之感無異袒免之日敢將荒辭薄奠畧盡微忱

行狀

公諱相珏字兼玉號松坡孫氏月城人肇於新羅大樹部村長而有文孝公諱順以孝行致石鍾之異卽其始祖也麗運訖有諱登以　康獻王布衣之交受禪後遂隱不起享杜門書院生諱士晟

贈鷄城君以治績淸德著生諱昕生員鷄川君襄敏公諱昭之弟也生諱世曒隱德不仕景節公愚齋先生諱仲暾之從兄也有孫諱應晛號南溪倡義殉節于　昭敬王壬辰享古川書院卽公九代祖也高祖諱德佑曾祖諱昌杰祖諱鉉九考諱星彙有文行號聾窩妣昌寧曺氏漸麟女以　純廟戊子十月十七日擧公於永川松亭村生而穎異受學于家庭自離經辨志不煩繩督而服習不懈聾窩公心奇之敎之有方必以孝悌忠信禮義廉耻等事爲先入之見及長通經史藻思日進以親

嗚乎古人有言曰至哀者如啞而淚先墜積懷者如物未化而哽先塞小子平日看此說話而常以爲傷於俗過於情矣今身履其境乃知其撥衷摘實語也痛乎悲夫吾家舊閥無愧於嶠南世族而中葉移永惟吾十代祖南溪公以忠義享于古川院不墜前烈矣乃祚運之單薄極於叔季之世凡其一切畸零靡所不至重之以飢寒能保其天分而守其門戶者幾人也哉唯我府君亦涉於險危違於蹭蹬前後調度不得展其志槪而卒拋棄於湖山曠局之間屈巨肩於蝸屋低軒眉於鈌界使

張志和與海內羣公並處而嗟乎余小子于時齠齔受業于門以叔侄之情便作師弟之義所存所守一遵古家儒法非徒學問之定力又推究禮書至於疑文變節各授其極至於叢極之圍則勿論呈券之遲速戒之以志義之精密凡他申申之敎欵欵之誨愈久益新於乎小子命與仇謀流離僑寓者十有餘年而憐我恤我每每顧枉小子雖顓蒙無似感鐫心肺期報萬一而閱盡無限風霜而還于舊庄叨陪軒屛之側以受前日未盡之訓爾最可恨者暮年重聽不能言語答述而書以告之

而義當可爲則剖判如氷釋河決事有不合則撞破如刀折金斷巍然一門之棟樑儼然一鄕之模楷若夫家乘世譜散逸莫徵故經營二卷冊子裒蒐派譜之意每言於小子法然戒之曰顧吾殘門吾與爾而已我則老矣爾當承吾志補成云嗟余小子非不誠於追先垂後而世故層生財力靡逮姑未從教默祝無疆之壽而擬待成就於府君在世之日矣奈之何府君奄然謝世小子莫逮之痛爲如何哉其在門親孰不惘然而知我抱恨者無幾人矣於乎小子哭慈未幾又哭府君而就木之

日拘於薪憂不能臨訣易簀之日不可忘了而一邊感恨者巾笥之稿家世之籍後承之傳守與否季哀之未冠孫彧之未抱此乃府君完福之一欠耳然而胤君兄弟可堪百執事之任則何足介念於長逝之日乎泉臺之下果如陽界則必與吾先君同歸一頭地復張花樹之茵幾從幾侄爲之左右而倘傳夫小子之言於吾先君曰永復自兄歸后奉慈挈幼漂泊東西棲遑無比還故未幾又哭其慈襲襄祥禫庶無遺憾今爲淡泊人而有子二兒似有來頭之漸云爾則吾先君亦云吾在世未

一矣及其成冠丙庭慈氏次第見背冗憂世故迭
相侵尋而歲丙戌從兄又不淑悠悠窮壤依倚恃
命者惟公在世而路負誠薄晉候恒疎每以爲恨
而惟俟勢力之稍振洽盡情私以贖前日執掃違
闕之罪矣今焉已矣躋彼公堂儀容愈邈謦咳無
聞慈良淳厚之德從何更見乎公享壽已高有子
四人亦皆足以幹蠱則不必爲公慽慽而但公之
在世之日惟季哀未及成就公必以是爲恨矣於
乎地下如見母氏爲言小子無恙在世否乎

又　　慶州金遇祥

嗚乎公之生於世七十有餘年矣公之心與性天
賦之仁善公之才與學氣稟之高敏而足不失尺
寸而一動一靜遵循乎律度身不違規矩而一語
一默用力於安定則行己修矣學亦備矣然而不
求聞達於鄉國而耕鑿於釜坪固守晩景於桑楡
而晦迹於松亭殆猶璞玉埋於土而良驥伏於櫪
世無卞和伯樂則豈望三朝楚而倍增價乎知不
知在人善不善在我在己者吾將勉之在人者任
彼而不用吾力焉古人所謂難進易退良有以也
於公無損而爲世敎則實有所慨然者也嗚乎惟
我姊氏公之長婦也贅緣出入公門積有年所而
有時晉候則矜我早孤眷眷之敎娓娓之情逈出
辭表余雖頑迷銘心鏤肺期報隕結而天何不吊
奪我斯速悵悵何歸拘於世故尙稽一酌烏得免
忘情之責哉今於練夕始以告訣伏惟尊靈庶賜
歆格

又　　門生從弟相燮

於乎痛矣公之生也鄉有模範門有棟樑公之沒
也鄉失蓍龜士失依歸古人所謂生榮死哀良有
以也噫公之抱負之博洽學行之眞實非淺薄者

之所敢窺測而其稟賦之精確志氣之高邁發處
應事之方正行己接物之仁厚有古君子遺風而
非今世餘人之所可及也然以堂弟而告堂兄之
文似近於阿好溢美則未知同黨士友之評論如
何云爾矣嗚乎小弟愚鈍無雙朽不受雕涅不受
采兄之痛策之敎施無功效依然作下愚之歸然
兄得甕蓏遐壽則久久磨琢庶不爲若是庸陋矣
嗚乎居諸易邁居然踰月形歸窀穸今焉已矣淸
醪一盃哭盡滿腔之懷未昧者靈庶賜歆格

又　　門生從姪永復

松篁巾屨及暇又寓詩箱回視經庭四蘭映響入家餘慶亶在於斯顧余漸劣猥荷葭莩二舍之地兩家之好我往公來吐露情素那知此日千古永訣蘭報遽至天理莫測喪而塟也尚闕一哭跳丸易擲墓草已宿數行荒詞畧陳衷曲靈如有知庶賜歆格

又　　外甥金寧金仲洛

於乎少不誄長禮文有言豈敢於搴公之平昔實行也哉畧盡情曲以表耳目所覩耳嗚乎小子才自勝弁奄失庭怙而依仰有誰幸因公之眷愛孤

露餘生伎倆送序恃無小畏祝公鶱蕤之壽而庶期萬一之報矣小子無祿冥府孔酷奪我所恃哀痛之心如喪考妣擿埴冥行有誰指導嗚乎世降百六倫常斁敗獸蹄鳥跡交於國中漏船生靈苟存視息於水火之中也安得副手梢工躋斯民於仁壽之域哉與其見苦痛於風潮以生孰若見機於未然而聊乘化而歸盡者乎今夕遠近知舊來哭者咸曰公無憾焉良有以也然於小子私心豈可安此而恝然而已乎所可慰者哀胤兄弟式穀肖似可續前躅則福善天道從可驗矣聊將薄奠敢寫滿腔之懷不昧尊靈庶賜歆格

又　　雞林金文熙

嗚乎我公守己以儉接人必恭書可以學農可以耕一生邱園泰然閒翁家有四允俱為分鼎仁者既壽福亦綿綿不倭於公先誼又存于彼川院十賢遺址為其子孫孰不追慕我公平昔每會不後時到我門不期有常情意欵欵不隱心胷十里川嶺一年幾蹤多少眷恤感佩何量今焉已矣公遽不淑於何依仰更安稽質白雞入夢青烏告卜一酌椒桂兩淚交滴伏惟尊靈庶賜歆格

又　　甥姪昌寧曺裕復

於乎昔我母氏嘗慘然謂小子曰吾命道多舛入汝家不幾年奄遭崩城之痛且無一點血肉獨寄人世如我殘命既不能同日入穴則繼絕嗣后是汝之責也環顧諸姪汝外無他故取汝為子汝其敬聽之汝家祚薄連遭喪慽之餘三家事勢俱極廓落故不得已挈汝就食于渭家今日扶護救持皆汝舅氏之德也絲身穀腹亦汝舅氏之力也由此觀之若無汝舅氏則無汝家矣汝惟體念我言勿替以引不亦可乎小子俯首聽命每欲圖報萬

合於天使也數行文一盃酒畧陳微忱漏萬掛一

又 鵝洲申道植

於乎小子以癡愚一後生少不諫長禮有定論而不敢述公之行誼矣然耳聞目擊自別於公之燕居之日則人情所至不能容己爾公生於古家沉潛餘教遂成造詣蘊而爲德行發而爲文章處家也睦族也接人也交隣也孰不曰大方由來之模楷而況又子固之博學可愛安卿之篤學是與則亦足爲後生之師表矣以余微劣猥寓高門之側者以其公門爲贅之情而有賜於公心之厚也見

之則喜不見則思慰我孤寓恤我貧寒促膝閒齋縺綣之情有若與後陽春執手申勤之誨洽如旱餘甘霈小子雖無似銘鐫感佩默祝百歲依仰矣奈之何天道無私未能穩享全福而老境重聽之證未冠季子之恨不抱孫兒之歎似有欠於公之修善而遽爾乘化如我孤陋從何考德乎嗚乎居諸易邁掇筵隔晨小子莫逮之痛爲何如哉荒辭薄奠哭盡腔子之懷未昧尊靈庶賜歆右

又 內姪烏川鄭致軾

於乎小子哭公何哭哭之以私世間林林葱葱受膺慈者孰無舅氏而豈有若公與我舅甥之地哉嗚乎小子早孤無依奉慈流離我屋稷溪公行自南我居心谷公來自北愛我撫我誨我教我不啻若親父兄親子弟戒之以言行勸之以農桑以復幾剝之家業而嗟余小子命與仇謀遠寓他方不能常常拜候於軒屛之側此莫非小子苟艱所致也首邱之懷與日俱深復還桑梓與公接隣以受前日未盡之誨朝焉夕焉依如駈蚤護如韋絃我視公嚴父公視我親子小子雖不敏感佩則深矣爲祝遐齡而準擬萬一之報矣奈之何造物多猜

奄忽謝世命也無奈而余將疇依哀矜無狀便同黃口失哺也哀亂賢哲繼志述事不墜先業是可慰公而未弁之季不抱之孫不瞑目於地下矣幸而前冬次胤得丈夫兒岐嶷俊秀他日成就孰契可待則公必紓恨於冥冥之中矣易云自天佑之吉无不利儘覺非虛言也晷刻匆匆不須長提止此而退不昧尊靈倘記小子之情而洋洋降歆否

又 慶州金成祥

恭惟我公逈出凡倫氣局寬洪性度溫淳一室圖書十畝農桑缺陷世界早違名場滄洲餘日付之

生果何怙何依而保殘命於覆載之間也原始反終死生一理未知泉臺之下與吾父歡如平昔而攄盡前生未了之情語及不肖奇零之狀耶於乎哀予此哭不但哭公而亦哭吾私兩哭今夕淚咸觴溢恭惟尊靈倘矜我情而歆我觴耶

又 昌寧曺秉斗

嗚乎我公月城舊閥永鄉華門天賦厚重風味眞醇推己接物不設畦畛門倚棟樑鄉有蓍龜福善佑仁天難諶斯半世豐裕晩更傷哉重聽何傷却除是非聾於世務聰於義理諸子賢孝家聲克繼

叔季賢哲人憚寃猜庚年蠢孼兩家同災哭我大姑諸父居廬公繼奄歿感悼何極家故層生赴唁未速而喪而葬未遑一哭內顧負義東望太息日月不留祥期奄及一盃薄醪畧陳哀曲

又 門生星山李赫杓

嗚乎我公生于詩禮之家長于忠孝之門承襲家法溫柔其質寬厚其德其言論也雅其行止也粹其處事也慈詳其接人也款曲大追古里謂有人矣惟余寓慶之北也無由得一分容儀丁亥何月幸接芳隣有時負笈得聞精詳之語而幸不至暴

棄之失是誰之賜也嗚呼天不憖遺命也無奈而孤陋無狀倀倀何歸只作踽凉焉冥途擿埴底人耳所可慰者哀胤兄弟不隳先業公之積善餘慶於斯可驗矣嗚乎日月不留摋莚奄及荒辭薄奠來哭未昧之下情溢辭縮此豈謂洽盡心曲也哉

又 烏川鄭鎭鎔

於惟我公月城華族簪纓古家名公巨卿寃勳碩德進而爲邦家之柱石退而爲士林之領袖者指不勝僂而公又接武而起受學于先君子不待勸督而著力做工日征月邁至於志學之年文名籍

籍於鄉曲而入孝出恭爲士子本原文章餘事泛肰着過無意於科文之學而第因朋舊之勸不忘榮親之志晩務場屋而竟不得意淚灑渡灞士多爲公惜而於公有何減損乎八字銘旌處士之號實無愧士子之分也顧余不佞委禽尊門偏蒙眷愛風乎松壇浴乎楸溪動輒隨公優遊以樂自謂百年在前而昊天不吊无妄之疾期待勿藥之效而竟作泉下永訣稀年享壽有何入世之憾而但未死前季子之角或愛未抱之恨似不瞑目於地下矣萬年幽宅占於先府君兆右神理人情似有

惟尊靈庶賜歆格

又　　　聞韶金亮熙

於惟我公志操異凡爲人所推皮藏春秋與世恬如早業翰墨晩樂畎畝束帛賁邱耒耜田野斂我文章隨俗塵和是非無干毀譽有誰口無雌黃歛華存實詩禮茶飯仁慈裘葛百六斯世與公儔匹嗟吾賤嬌卽公子相生長寒楣不端自蒙結帨以來貢憂靡寧荷公止慈謬被稱揚聞來銘感優我百朋所以祝公海籌千百天以孚命以正厥德仁者必壽古人有說揆公云爲百無欠一上蒼有知恃公盤石嗚乎悲夫云胡不淑无妄之祟自恃勿藥鵲針無效奠楹何劇果是人世風燭泡沫禮制踰月靈輀將發四尺堂斧萬事虛缺一盃冷奠千古永訣

又　　　聞韶金鎭浩

嗚乎今夕痛哭者非但一二也言豈可盡而痛豈可旣哉公以南翁之裔承襲家庭德優而學博工於科文而屢灑渡灞之淚老於林泉而鄕無剡薦之擧竟以一處士而終焉此吾所以爲公痛哭處也白首吾姊帶衰於瘦腰淚湧於老眼曰吾生何不

與公同歸雖古杞妻悲慟情景之不忍不下於今而浩然無知而長逝此吾所以爲姊氏而痛哭處也且念公家棟樑已摧賢祖緖業其誰承之甚無居人士友酬接其誰主之此吾所以爲公家痛哭者也顧念不佞居在不遠未得源源拜候以盡仰慕之忱而遽至於此此吾所以痛惜者也嗚乎福善禍淫天之道也四箇哀胤勤於治産儉於行己遠近稱譽公家昌大取足於是而仰賀於冥冥之中也嗚乎夜臺何在若如陽界則公必歸拜吾先君而能盡翁壻之情而爲言此漢寄世之情境耶言念及此不覺失聲痛哭嗚乎今夕寒冷一盃將爲男妹間千古永訣之酒安得不陟降而歆哉

又　　　聞韶金在淵

嗚乎哀子罪重天不顧恤親祥才經餘淚未乾而而公祥又迫以淚添淚尤不定情也在昔吾父與公不惟以査誼之切摯兼之以志氣臭味之相合源源逐逐不面則書不書則面而疑而質急而周吾父有言今世古人惟吾査一而已時予年幼在父之側而聽父之言爾於乎公歿後未一周吾父又見棄吾兩家運厄已無可言而哀哀孤孤之餘

句解提耳命而字畫書法執手把腕若爾鈍滯非公則止於木石底人而粗識魚魯之辨是誰之功也然而素質淺薄雖叨荷公之陶甄之勤而終未免吳下之蒙負公之罪夏僕未盡耳嗚乎天道無私奪我所愛冥途墒埴倀倀何歸哀惜之情便同黃口失哺也嗚乎日月不留荏苒之頃仲祥奄及清醪一盃荒辭數行來哭於如在之下庶賜歆格

又　門生月城李圭萬

公之易簀思如昨日而考其星宿則遽經十二甲子矣未嘗不久遠而自然若殯斂之夕者何哉心密

三年之意推此可知也又以拘於幼不諫長之訓未能斷然行之反以思之則若拘於訓終無一言小子他日陪侍之地將何辭以對之乎畧陳萬一其果默恕耶於乎小子自齠齔執篇于今十有餘年以函文溫雅之性寬厚之量不以皀昧棄之隨事教導遊戲則禁其放逸誦習則勸其勤篤進退周旋揖讓動靜使之無不出於正而小子頑質魯鈍未得效萬一徒恃百年如斯矣天不憖遺无妄一疾竟至不淑使小子啓手足終抱莫逮之痛而儀形永閟謦咳莫憑哀我小子於何所夏爲考德也此所以失聲長號而痛哭者也

又　門生重表姪星山李禹杓

嗚乎哭者哀之發也哀者情之感也哀之也甚故哭之也痛靈必有感於小子之淚矣嗚乎公先考之表從兄也世世居同閈相善無比有憂仝憂有樂仝樂兩家相愛之道可謂異姓同室嗚乎小子年才舞勺贄謁公門提耳命面不以鈍滯麾之置之座側朝夕訓戒不越乎修身制行之科雖學之未能而粗識爲人之方莫非公之攸賜俯仰穹壤承公之德山高海深吉凶相禪先考謝世未幾公又

隨化抑或陽界未盡之情復續於泉臺之下而然歟哭公而思親之感如新思親而感公之淚倍切欲忘不得欲語先淚一生悲感死後乃已嗟余小子拘於生道艱索移寓場館者殆將十有餘年矣自茲以往地步稍間未能源源執掃於侍側而負我先考講世之厚誼今夕小子追慕之感當復何如嗚乎一門稱其仁四隣服其德公之平素積累之工於斯可驗而有子四人材堪櫲樟幹蠱無欠山南昌大執契可待則公之積善之慶不在斯歟嗚乎居諸易邁復日重回漬綿之奠畧陳微忱伏

訣

又　　甥姪烏川鄭致轍

嗚乎昔日秦康公之送晉文公也曰我送舅氏曰至渭陽生而送別猶有感歎者存焉况小子送舅氏於泉臺之下而拘於貧窶未能一告訣於大歸之日常期之夕而始於祥至之日哭而敢訣尊靈果恕而歆也否於乎痛哉昔吾先君棄世之時小子則在於慈母之腹也生而長於母氏膝下之時則其覆愛者公也矜憐者公也而况又年來托於接隣調護也依靠也及於成人皆公之德也戒我

以言行勸我以稼穡若爾賤薄之質粗識爲人之方向者莫非舅氏教誨中做來也已天以假之而享之岡陵遐壽則庶期報賜之萬一矣奈之何造物多猜公道無私无妄之祟奄忽之頃遽作千古永訣果是人事泡沫風燭也嗚乎小子今日之哭則哭之以私耳泉臺之下公與吾先君攄盡陽界未了底懷而語及轍也積來哀矜様子否耶滿腔之恨更僕難窮而荒詞薄奠略盡微忱未昧者靈庶賜歆格

又　　月城金台奎

嗚乎聖人有訓曰嘐嘐然古之人古之人兮人之知不知亦嘐嘐正謂今日我公而發也公好古人也讀古人之書行古人之事一生行止不越乎古人之範圍一古字爲護身之符所以往无咎來有譽而爲人之所尊仰者蓋以此矣嗚乎世降百六玄黃易處所謂從事於文學者許多隨俗變汙而公獨守歲寒松栢之節如公者古難其人而今不得見矣嗚乎公我兩家既有同廟之先誼而吾慈氏爲公之甥女而生長於仁宅特被眷恤之澤常對小子歷講公之祥日母氏命余替哭公亦知母

氏使命之哭則泉下感古之淚不是尋常而有不忍者矣嗚乎日月徧促於有喪之家而琴祥奄及敢將漬綿之羞哭盡滿腔之懷不昧尊靈鑑此小子之情庶賜歆格

又　　門生重表姪星山李榮杓

嗚乎公之沉潛德行小子何敢撰述而小子平日耳之而目之洽盡公之燕申則欲無言而自不能容已也嗚乎公先考之表從也娟親之誼昔非不足况又芳隣之情乎吾之幼而孤也恤我無依撫而愛之吾之長而健也矜我朦迷開而牖之典籍

松坡遺集卷之二

附錄

挽　　金寧金升洛

公雅好書學古人渾然器悳啓淳眞衿期托隱違
流俗詩禮傳家樂上仁稀世年齡仙侶伴趍庭慶
福子孫新松陰秋晩霜華老一灑緘詞悵望頻

又　　聞韶金萬熙

南翁家裏有吾公隱跡平生但飭躬文華非獨鄉
隣仰悳雅猶能遠邇通駕鶴精神雲暮裏騎鯨消
息月斜中微生亦忝通家列泣把賢哀淚灑幪

又　　門生星山李赫杓

隨公隣接六周餘每得團圓意自如心推與物宜
無間文念尋人實若虛哿矣前程遺有債惜乎先
業未傳書悵然回首惟陳跡祖道治行古巷閭

又　　聞韶金獻周

擧世滔滔獨守眞七旬无恙厥初身傳家經濟龐
公策纂祖規模范氏倫松社墨帷多有化福州儒
所累承輪薤歌遠唱斜陽路東望蒼天淚滿巾

又　　全州李起鎬

口容常守默心操每持貞遯世傳家學隨時勸野
耕讚堂遺德義泉路隔幽明耆舊從今盡餘徒奈
失程

祭文　　門生月城李圭白

嗚乎蘭生幽谷不播而含薰玉韞深淵不琢而成
章公居弊廬不求而人知天之生公於世似非偶
然而早事文墨終老林泉出入經歷無踰於禮法
之場勸勉耕稼不越乎菽麻之園出而爲里巷表
率入而爲門户棟樑村有敗俗則公輒擧理而規
正人有亂分則公必順教而悔改仁而稱壽善而
享福能躋岡川之域而氣力尚彊優享子孫之慶

而調養不窘咸稱地上仙人矣顧余不肖居在墻
屋之連兼托師弟之誼朝夕侍側受賜銘感者多
矣公有教誨非我誰奬我有疑難非公誰質哀余
湔劣未報恩誼之萬一而庶期依賴之有地矣天
不慭遺遽爾不淑鄉亾善士巷無居人窮巷凋殘
孰能正之後學昏愚疇能導之譬如渡江之船中
流而亾失維楫蓋瓦之屋告訖而摧折棟樑擧此
數事公之功效實難忘了禮制有限就窆在明冠
屨入地儀形漸邈隣里之咨嗟知舊之痛惜不可
稱道而况小子朝夕承誨者乎一盃單奠萬古永

清州之華閥古架詩書設作金谷之處士遽作千古不返之行古人儀形於何更奉古人謦欬於何更聞胤哀兄弟能幹其蠱或孫諸從又造其業古家不墜之望安知不在斯耶

祭姊夫曺公 啓手文

恭惟我公古閥華族自昌而永旣盛且赫家庭簪衍孰不艷服以余微寒願附婚姻幸我姊氏執箒尊門以公慈愛愛之甚勤餘澤彌及至于小弟時拜軒屛必賜款厚雖此顓蒙實多銘佩默炷心香爲祝遐齡仁者必壽於公無徵无妄一祟奄忽不淑禮制有限襄期已迫徧被眷愛敢無一哭茲構數語千古永訣

哭亡女金室文

亡女適雞林金君之室明將入地云而以汝病時所思者若干需汝母供而送之汝父來而哭之曰嗚呼寃矣汝果死乎百爾思之無死之心矣嫋嫋容貌琅琅言語耳目所到無處不在而目于庭則立於庭耳于舂則聲于舂若織于房炊于廚若紅裳彩畫之娓娓笑語於燕會之席坐我堂固如是往汝家亦如是而果云汝死乎第念是歲秋汝云來也討盡無限情話來而病也竭盡無限心腸死而歸也亦哭盡無限悲懷慘矣寃矣汝之適人者纔五年而有一塊肉焉靑年寃柩之後赤子襁褓之隨有目者莫不流涕況爲其父母者情念尤爲何如哉喪故之月餘金郎來我云埋寃卜地與郎俱到則以堪輿不利竟未果窆只扶呱呱哲兒而惟願汝其長養於祖父母膝下使汝母跡於世而來我呼祖則吾何恨汝之死哉汝母眞不死矣將發也酹此所來而蒼茫向家而往汝其知之而咲之耶嗚呼寃矣

松坡遺集卷之一

事觀之尤可慘矣閨孀煢子微公何依螟兒伶俜微
公何恃死者已矣生者抑何辜也我之於公交道自
先世已湲近又公之從伯結姻使公而在則追隨孔
嘉之誼當何如哉尤所慼慼者豚兒受學於公而公
乃以誠教之粗識魚魯者皆公之賜公今至斯將誰
督而誰箴之也與言及此我懷難裁佳城方築厚夜
無輝一爵侑哀萬古長辭

祭鄭壻 來禧 文

嗚呼痛矣君之命胡若是忽忽吾之命胡若是遲遲
去年此日使我銀絲哭君青年而然且不死坐送此

日噫此老物獲甚罪戾天亦厭之嗚呼君之體賦堅
確性度勤厚華户衆牖不以爲悶易衣並食不以爲
傷漁樵誠孝不愧於董生畎畝生涯有孚於邵子飲
瓢咬菜視若素分則藍田美玉允爲張氏家賢壻矣
余或意到東爲則丹田之蒽大椀之麥實出於菽粟
眞情陶陶使我忘歸足以爲未死前一好事矣奈之
何遽爾奪斯抑余之厄耶惟君之命耶上有白髮親
誰其養之下有青春婦疇其依之子有黃口之孤孰
其顧之君獨何人能恝然忘情而長往不返也以余
哭君理之逆矣命之舛矣自玆以往精耗魄奪似不

久寄於世哭君之日安有餘幾臨風揮淚文以哭送
悲夫

祭李佐郎 德玄 文

於惟我公晦翁之孫天資穎秀伊玉伊琨夙承家教
從事儒坦目涉千古口誦萬言胷中錦繡筆下風雲
早擢蓮榜載悅春闈惟其所蘊將大有爲如何驥步
不遇伯樂龍墀對策鵬路天闊才高命窮白首郎官
失亦何慍浩然而還婆娑湖海湛樂之久謂公所享
匪爵而壽安知厲毒遽爾滅性生何非偶没何非命
文星隕海玉樹埋土但道無兒理昧難悟遠邇聞訃

孰不嗟惜矧余於公世契之篤先君雅志公實知之
一篇遺狀字字瓊琚每發巾箧若接英風會合雖稀
向傾靡窮今焉已矣清標何覿嗟余有病積歲負席
斂未奔哭窆未永訣靈若有知倘無冥責

祭韓戚長 周輔 文

於乎公郎今世之古人也其言也古其性也古其德
也古而咸曰古之人古之人古人遺風於公見之矣
仰公而聞古之道賴公而論古之事門親皆以古人
仰之鄉黨皆以古人許之況又公之年紀已過稀古
古君子仁壽福善之説於公可驗矣古家聲名傳誦

猗歟府君庇根之葛支廈之樑天賦淳謹地步安詳孝友爲則忠信以方以之處鄉鄉友推服以之處家家道雍睦顧余不肖早失怙恃依在庇下眷荷偏被言語厚款教誨勤摯其惠伊何固窮安貧其教伊何修身接人哀我矜我特垂愛恤小子無似不效萬一竊祝遐齡永受訓迪天於我家降禍何酷可哀從兒家事經理非公疇依臨海渺渺言不盡情哭不盡哀單盃冷奠永訣于斯

祭外姑金氏文

館室爲客昔在壬寅臈月佳夕旭日良辰早自來往迄卄四春臨觀懿行撫我接賓以雞林族爲月城嬪人稱女士天姿眞淳宜其家室化及閭隣承祀芬苾禮勤蘩蘋已育多子未爲苦辛二男四女左持右循餘事紡績繅車無塵治家有節能念不貧以余無似視子惟均桃春之月櫻夏之辰持節往候往復斯頻蹌閫欣到執手携紳女婿不一偏荷厚仁言笑戛戛訓詁申申迄今靡懈愈久惟新令愛荊君所樂綦巾善事舅姑共執菽薪此豈徒爾教養有因每擬歸覲庶將一伸於乎痛哉彼蒼者旻鷄夢先兆鵲方無神六旬奄忽旻夢非眞小子自負尊靈應嗔不遑拆木

終違就窀居諸駛迅遽及撤筵長聲一痛胷內欲堙單斝薄具敢曰誠悃

祭金範采文

嗚呼人之處斯世而居同鄉井生同庚甲固不偶然就其中亦有外同而內不同不以肝膽相期者然則向所謂同鄉井同庚甲舉不足恃而惟同心相依正所謂其利斷金者而吾與公之所同得也是以修契而同其好換盃而同其欣對局而同其樂大抵斯世無一事之不同者而於是乎始信夫同鄉同庚之誠以不偶而奇也今雖幽明遽遠存殁不同而萬事一

聲百年一刼則今之不同焉者固無期而未之復同焉者將無窮期矣伯牙之琴已斷郢匠之斧遂撤使我抱踽凉之歎者是悲也嗚呼冷炙殘盃同庚之情也短辭拙語同庚之表也公其知耶不知耶

祭成熙汝韓運文

嗚呼古之君子言理處言常而不言變故有仁壽福善等說而不佞之於公不言常而必言變則其言變之際痛悼情緒者以筆舌盡耶旣寧不言可也而服公之心與桂見公之行與事者莫如我也以公德業與才藝遽至於斯斯人也至於斯耶是何理也以人

之歿久矣一門後生已矣何言如余不敏往來公門二十餘年旣忝陶鎔庶免苦窳矣不敏無祿而然歟抑亦尊門之運厄耶公歿之後星霜已周而儀形謦咳終無更承之路小子今日無窮之痛當如何哉惟幸胤公上承紹述之責下鑄秉拂之策公之福未艾者其在斯歟言止於斯不昧尊靈庶賜監只

祭李公 應河 文

幼不諫長載在禮經況我後生敢讚言行情地所篤不可無言仰公平素季世古人性質温雅儀容純朴心無裏表言不圭角心恥人邊幅實吾素分奉祭而誠

事兄而順處族接人莫不緊款非余阿好寔出輿頌春秋雖高氣力强京竊祝難老謂享遐齡耶意一疾遽至不淑孤哀號呼不忍慰哭白首哭弟耶堪半割行路所嗟隣里咸惜顧余愚昧忝在婦從是以寸腸倍切私痛踰月有制明將窆穸今焉已矣於何更接薄具荒詞冀憑英靈洋洋如在監我微誠

祭姑夫李公 裕仁 文

恭惟吾公吾鄉之望族也性度温雅言論正大處家而家道雍睦接人而人心悅服則古之君子今之古人環顧一鄉孰不感服而推仰也自公出入鄙家已四十年矣小子晚生未及見公之初年而習聞家庭則公之懿行嘉言豈不欲娓娓闡說而言念情私則不覺淚泉而胷熱者惟我姑氏以賢淑之資柔順之行不能終事君子奄忽違世於强壯之年此小子愈深之痛而公亦以耳順之年今又棄逝泉臺之下倘有三生之緣而果得人世滋況耶欒欒哀從克勤克儉措畫綽裕文詞超優門户之昌大自此可期矣復何有憾耶

祭外舅鄭公 致運 文

於乎歲改三燧情緒萬端而小子之哭至於今夕則

尊靈之淳謹清儀更無依仰之處於乎痛哉年踰上壽高不足恨以公之平生積鬱心懷未有幹蠱之嗣顚倒刼灰茫茫家事有誰傳而瞑目也惟公之心志知之者小子也小子之情緒公亦知之則將欲見侍陪之日而耶意一瞬之間小子遽作斷絃之韻吾公諉作隨王之魂耶瞻望西天永隔依賴之涯豈忿卄載登軒之誼耶公於重泉之下應逢令嬌之日多矣幸傳我踽凉之狀駬兒哀叫之懷無恙度了於此世也否言念及此淚落如泉明將撤筵我懷曷極

祭從父府君 星昊 文

寓瞽之日獨立踽凉而出没苦海爲公家先號哭之象有子三人伯仲戍就而人稱宜家宜室則泰來之運始於公而方興養姪承宗奉安龕卓神人俱便則後笑之理豈非不於公而貞吉所以期待之異於他族者有姪兒之有托而將擬方來之化隣矣夫何倚仗無常喪耦未幾公又浩然長逝歸窆先塋之麓而竟爲同穴則在公可謂無憾而後死者失庇之痛果何如哉

祭再從兄 相禹 文

念公初年可惻其情早失怙恃僅保生平一男二妹

誰依誰賴及其冠笄公自擔負僅守殘户不失遺謨遠近諸族孰不稱譽中年事業可見治家夜讀南窓晝耕西疇豈無恒心利置田宅自飽自修潤身潤屋置酒要朋隣里咸稱聚財貯穀恤貧周窮居在一舍有時相從疑質於我事問人之從班莫如公我年又同庚恕及推己一水中分兄兮弟兮如是友誼永世不離家禍孔酷一載變出婦先夫後窆則同穴人間好合地下相樂嗟余無似於何更接天不可信鬼亦無私一盃薄醪數行荒辭宥我微衷庶幾格斯

祭外舅金公 悌相 文

於乎自公之歿不過改燧之間而是歳二月哭我姑氏祥事今日又哭舅氏須臾之間水泡風燈之變荐疊於一室兩月之内雖尋常知舊未常無作感況追想前日眷愛之私則舅氏之於是甥不以舅而若以父姑之於是甥亦不以姑而若以母小子此日長痛不須長說而畧陳於執紼之日則餘外悲苦之辭尤豈非已陳之芻狗哉靈如有知倘賜格歆

祭李文王 翰杓 文

於乎公與我情親意密自公幼時受學于吾先人雖未能終其學業而其意則未嘗小替及吾先人棄背

自初終期祥之需所賴於公者多矣余可忘之哉遠近知舊之與我厚者不一而若其托意之深且切者莫如我若也公之資質温柔氣稟貞堅而兄弟之湛樂子姪之蕃衍可謂獲其報矣奈之何年纔五十餘而奄以無何之祟至於斯也雖公之子足以嗣續舊業而爲公痛惜者莫不惜其人惜其年則我之懷容有既乎庶幾與公之子弟不失其舊則可有辭於慰公哭公之情也耶

祭金公 在圭 文

於乎鳳凰去而羣鳥無依洪鍾弊而寸莛無用則公

于塚之前時雖先後宅同一原卜隣並居無間幽明
庶無猜嫌相就和平寔是神庥俾或敢望共護樵牧
永保無疆玆將一酹祇告于神神之聽之歆我苾芬

大追洞祭文

惟神孔昭齊壇斯肅祝之斯應俯悶民瘼春祈秋報
歲歲恒式呵噤百邪用錫萬福家有吉祥户膺福祿
於千萬禩永世不忒

雲山洞祭文

粤昔何辰有洞有神春辰秋亥以月中旬實賴神休
告辭中中夾殃剝落福祿漸新祝之斯應以和神人

敬陳微誠監我苾芬

敬道洞始設祝文

惟我敬道案居維新數三烟户福祿交臻扶護休祥
掃除痒疹

家宅開基祝文

卜此名區天實賜予卦叶大壯運通黃道景山庚日
坐癸向丁高嶺下麓雲柱來停面曰清鏡洞曰松亭
天時允叶營室開明神其保佑不日成之用伸虔告
來格庶幾

祭文

祭金公 駿祥 文

於乎公我結姻媾今將四春秋矣四春秋之前不過
聞公之言承公之儀而已自附朱陳竊識公之行於
日用做措之間公以溫雅之資甘臥田園未甞以外
物膠擾肚中亦未甞以枝求留底心中以至家務之
冗冗瑣瑣世徒之汩汩滚滚極其淡如也且世皆欲
其生惡其死而惟公之心則視生以天行視死以物
化其素位安分之操雖古之學問上人不若此也顧
余不侫托媾以後尤加敬謹以此知公之淡也知公
之淡故惜公之淡惜公之淡故痛公之淡於乎此身

亦下公十有九歲則凡於世間經理之策庶可有爲
而才不能遷移變化送日月於屢空之中者半平生
有餘也昔公大歸之日不能告訣於窀穸之側吾亦
一死矣期逢於九原之日公必寬我恕我然我則將
何辭以對之乎悲辭苦語畧署無煩言止於此不昧
尊靈恕賜降照

祭族兄 鍾遇 文

於乎否往泰來爲方興未艾之象先號咷而後笑爲
舍凶就吉之理者謂公之爲矣公早孤四男妹後先
零替之日喫盡無限風霜爲公家極否之運挈故家

不識是非之列而論事太峻不知善惡之分而責人獨厚畢竟自陷於善惡之中今雖大覺而性賦難移故耳欲聾而聽愈聰目欲瞽而視愈明今主人既行之矣且名之矣千層之浪百尺之竿竟將何用不藏而升公之堂而見公之名者亦庶乎保之之道則耳聰目明令如吾子者尤當於此乎服膺焉於是君守恤然而謝主人亦拜曰名我固當爲之記

通文

大追書堂刱設時通士林文

惟我芝崗地不讓於二酉之山人鮮能乎三亥之稗

鄭悅中山之銘才則可究劉子初墨帳之工屋無攸居遂謀數架之營建打做百年之絃誦貿鋪之壁縱有感於金丹建昌之田尙未屬於鹿洞只賈貨泉之流動每慮風雨之待庇玆靠鄉井相救之義不擬牙籤永插之計匪爲其謀利而擧實出於衛學之誠伏願諸君子尙有以裁度敷施焉

大追書堂重修時通士林文

事不以徒成而必資於隣故古有相助之義學不可以徒就而又待於人故外有出就之所今夫鄙洞未能劈破天荒藝林空垂難見璋圭之材未聞之聲文風寂寂非聖化之不及泯俗質質宣天賦之固然非徒下愚人之下暴棄抑亦士君子之所矜憫鄙等生於斯居於斯雖不知文章之大亦惟解講習之美至樂莫如讀書至要莫如教子玆以方鳩功經營于一日茅棟如翬斯飛期焉數間蘭屋文既在玆不亦悅乎伏惟僉尊肯念推己之惠俾成因人之功千萬幸甚

松亭書堂刱設時通士林文

學不徒學而必有負笈之行稧難自稧而聿觀同閈之誼顧此相助況彼講世緬惟吾先人早養林泉不

求名利於世晩居松亭自喜才英之資禮云經云既任一生之業俊也秀也相較半世之功解學之初縱有患於不明益習之後庶有則於不懈然則非徒門之受業宜有堂之講誼諸朋自遠應有悅乎之行不肖無誠久堪傷哉之歎玆將老耋之抱善敢望僉尊之惠顧古有范有堯夫付麥之舟今爲顏曾子乞米之帖庶不尋常幸甚千萬

祝文

古塚同域告由文

恭惟尊靈何代何人魂依草莽塚翳荊蓁今玆建兆

也故聾也栖息玆窩不聞城市之聲頓忘炎凉之態
聾莫甚於禮其外也臥聽玆窩每討村秀之尋行得
聞伊吾之聲聰明在於其中矣至於所養則喫菜衣
布聾於飢而聰於寒也及其臨水登山醒於動而聾
於靖也有所毁譽則毁聾譽聾有所喜怒則喜聾怒
聾於是非則是聾非聾於利害則利聾害聾人之富
貴富貴而聾之吾之貧賤貧賤而聾之此聾彼聾聾
已無介者此窩之所以以聾爲號者也登斯窩而感
是聾則尤有所不聾者存焉乃平日講習禮經數篇
如使不肖之尤聾繼而肯構不失其禮則壽此窩於

百世永不聾於其名矣於乎泣血而摭敘

聾瞽堂記

李友忠卿於是年之春構數間屋子旣成會親友燕
飮以樂之柳某亦與焉酒半主人擧盃顧余曰堂已
成矣子其名之余應之曰名之以聾瞽可乎傍有一
友金君君守擧聲大言曰耳無聞曰聾目無見謂瞽
自書契以來文字之行於世不啻千億則亭榭之名
豈無美號之稱而必以聾瞽二字者何意焉余曰然
居吾語子天生萬物而萬物之中吾人最靈人有九
竅之中耳目爲大耳司聽目司視而聽思聰視思明

然後可以九竅之大矣而稱其萬物之靈則邵子所
謂耳目聰明男子身洪均賦與不爲貧者非此也耶
雖然耳有不欲聞之時目有不欲見之時時世旣下
澆漓已極一言之差千仞可穿則世路嶮巇豈爲太
行孟門之嶄絶而已哉事有是非而是是非非者不
能保其身人有善惡而善善惡惡者亦不能保其家
吾欲視聽而不卞其是非善惡則天之所以與我者
已矣欲卞其是非善惡則吾之所以取禍者大矣如
之何其可也寧塞吾之耳寧塗吾之目漠然冥然不
自視聽之爲愈而能得此道惟其主人乎吾與主人

舊要能言主人之心矣自少時於事無所可否於人
無所取舍惟幸麯孼只做笑語是事之是而一盃罷
之非事之非而亦一盃罷之所謂是非不顧聞者耶
善人不謂善而一盃送之惡人不謂惡亦一盃送之
所謂善惡非我師者耶人間之是非善惡都付於盃
中之物而聾然瞽然若不以視聽則其超然於吉凶
榮辱之外者千里之遠而胷中之是非善惡亦有所
默定矣由是觀之雖聾於事而不聾於心也雖瞽於
人而不瞽於己也事與人外也心與己內也內若聰
明則外雖聾瞽何傷焉若余者氣狹斗筲性且澆駁

耕鑿畜牧海人網罟山人斧斨浦人筐筥是事非特山川風土謠俗宜人盖關國初其君禪君子風好揖讓其君儉野人俗不尚文女公子親蚕織田家婦尚有餘風羅後魯一變俗好價云登彼月城詠黍離鞠草章望林藪想金馬碧鷄事黃昌玩公孫舞金鍾玉笛聽花奴玉奴愁城市閭問花郎風月主尚在否在嘲以子之蕩三章詩竹陵吊列王靈有暇訪良洞洞皆愚翁後孫也其所居凡岡陵魚隣屋受萬里風俯十里郊服佩芳潔往往爲逍遙遊海於此庶幾有得得十年未學聲必幻骨脫胎來其重厚君子風其汪

洋滄海風其慷慨古國風哀怨竹清風荒怪金馬碧鷄風悲壯黃昌風繁華浩蕩風月主花郎風綽約雍容公主風古雅曲重體樂風非獨楚聲亦羅音生是羅何必楚古職氏太史公志恒書亦必漏飄遙爲溪女巷婦吟散漫爲遊孩牧孺典流落爲行旅歎寂寞爲山僧野老談幽閒爲逸士隱翁語古國千載餘無不採取者往往阡陌閭巷道路間有所聞長短聲可歌歌汝無歌喃喃語未盡用書書不足以楚聲來逸者登吾詩

五會契序

夫祭也者禮之大節而伊川先生於四時祭嘗曰事死之禮當厚於奉生者吾先君五昆季分治產業雖有志於禮未就奉忌祀一款前已措置而且當孟冬墓祀之際如禮未行既履霜露尤感怵惕矣余以諸從中居長之責與從弟相俊爛商規劃各出石穀以爲權輿以至成就之境則豈非繼述之責也哉然而始勤終怠古人所戒則敢體此行之逐年滋息而自壬子剏立祭需等節隨時從便毋至缺廢則庶有萬一之報而以爲痛後焉

記

聾窩記

先考聾窩記遺失難記故敢玆繼述君子非禮則勿聽處隱則無聞非禮勿聽者知是閑邪存性不忮求於一世之名利不聾而先聾也處隱無聞者乃是韜身暇跡善頤養於百年之林泉雖聾而不聾也昔我先考聾於叔季之紛競讀古人書而得一聾字卜築小窩於松亭閒暇之處自爲聾翁扁額翁字而因此有記焉不肖無誠遺失其記不孝之罪已無可言敢玆繼述其記窩之以聾也聾有兩段焉窩只取字義焉聾於老而聾者其聾也自聾也聾於世而聾者其聾

吾今所守不待兩言而決壘生者出曰往在卽墨被
圍三軍敎磨頂放踵之力而退樂毅殺騎刼雖晝一
月之籌期戱三捷之功石生出曰我乃黃石公之前
身此在兵法浚溝高壘灌之如晉陽之城則彼雖智
如智伯無能爲矣楮生者以白面素心粲然而笑
曰我乃負大冲三都之聲價詠青蓮一張之瓊琚文
謨武畧今代吉甫如用上策必促毛生愚乃彷徨乎
五言之秦城徘徊乎八斗之曹垣達城淸晝報捷書
而旋師百尺戒壇高坐如仙者其惟義城之壯元帥
乎君山之竹吹竽者難言郢門之雪彈指者自涗西

祖降福之日雲孫製錦之初何不早詰而今乃誘筮
於肥瞽者耶子嘗以讀易之說自處而胡不知剝復
之理乎推此觀之達不久窮不長第當聖主一千年
無齷齪者人豐登三萬里無鞕鞘者人秋風無期而
楚鴈得勢大雨無定而河魚震䲘天何必一孺子獨
使之窮乎又爲子畫一之方有一焉鄕風之詩無非
轂氣鄕黨之篇好是衣冠牛山一夜起聽舜鷄周情
孔思如自己出沂尙有木雩亦餘風

戯說

山中無別味硯田多荒歲淅米三合只伴饘粥之山

僧采尊一丹堪隣啜糟粕之寒士望青天白雲計六
字之句法對墨帳黃卷剩數日之生涯空林啼鳥無
心而和幸舍之歌爛肆枯魚瞑目而過野菴之野未
甘之哀公客吮辛苦之海雪荏咀固知輕肥走蕃鋪
餟可戒長白山一升煮范老之着工是希不素食三
章詩魏風之用力可效齊友成集鳳瑞甫而汶源兄
周親化居虎洞弟而江亭叔一首腐語掃白三足鼎
器頻黔竊聞盛讌方開廣蕈始肆均宰故俎申三炙
而扣五膾飲醇中座子一盃而吾二籌東床古禮會
藍田約中之人西菴千鍾待竹院樓下之客六脚紫

蝌去一枝而何傷百壺清醪斟數酌而減伏願特軫
隆首飽潤槁腹風流他日必待曲江之遊山陰暮春
怳有蘭亭之集玆走祝融之飛錫敢陳踐之初筵斯
可見信筆之控辭幸勿爲野花之倩笑

序

送友東京序

聖瑞欲楚聲者十年楚不成遂子長遊遊東京朝告
余余吟病歲餘不能起聽是言蹶然興賀曰勗子善
觀東東古王都海洋洋士莅莅蒼蒼山林林藪居人
士友農工商物産魚鹽棗麻漆事業詩書禮樂契活

答趙 師吉

相琟行纔踰烏嶺兄駕已超烏陰燕鴻之嘆不勝悵悵伏問勞攘餘靜體珍相仰慰區區相琟憊餘挾感委席累日悶不可言所示詩軸句句驚人別來半載果如是刮目耶以弟管見更不贊辭薇盟終朝只是敬讀而已

答李 元喆

一別半載無日不悵耿耿郎拜先施辭意眷眷奉讀數回惘然如失兄之愛我果如是勤摯耶書後日富更未審省體萬晏相琟孤燭寒房涔寂塊臥此間情狀

果如兄示而以何經歷如此能得知也游洛而學得耶在家而驗視耶不覺捧腹柳兄書謝上望郎傳致而阮丈候近復何如回念疇昔尤爲耿結金水玉井實非俗眼之所可歷覽兄以何等清福能作如此勝遊也恨未得携手徘徊指點顧望也前非今是此是破甑後事雖欲追悔其於機會之失奈何

雜著

戰藝說

愚遊於藝者也讀禮而知舞干遊櫓之法學樂而知鼓進金退之令智彀於后羿之弓而射必取中效範

於王良之馬而御必以正將欲傳檄騷壇書趙括徒讀之罪轉漕詞源數蕭何運粮之斛蓄銳藏鋒以俟百戰之期矣秋圍今日藝以試戰大哉戰也其亦君子之爭乎遂爲之說曰嶺下儀風多尚文藝焚膏繼晷講論戰道者厥攸久哉孤舟洞庭湖爭岳樓之詩則杜甫我師九日南昌鬼泣滕閣之序則王勃我友下董帷於三年而卷舒王中風雲磨李杵於十載而牢籠繡稚上功名韜矜焉經史孫吳之籌策兒戲如也甲冑焉忠臣而頗牧之才畧奴隷玆也赤幟詞場携四友而觀兵時惟九月序屬三秋開筆陣於公山

蕭蕭草木之風聲洗硯池於琴湖淵淵鼉鼉之鼓響布政司下竪顔氏之勿旗宣化堂中誓子路之三軍今日詞場敵手者其誰縱守孟舍之約必勝乃已自負北宮之勇何用計策而退之三舍書曰同力度德同德度義其乃義戰而可乎千年文物徵古俗於鷄林慶州之師律申嚴耶一葦風濤蹴强寇於閑山固城之軍令分明耶義以名誠鼓義氣者義城之士歟軍以施威慣軍法於軍威之士歟逖矣東土之人無非淬文鋒而交鏑者也爰啓囊中謀諸四友禿頭毛生者脫穎而出曰昔我先祖遂定漢楚殿却彼强秦

遑之事也建院初本郡城主嘉尚其節義劃給儒生十五名以資俎豆之奠矣挽近以來懸案失左而存者亦不無逃亾物故之患也比間第以營救申嚴閤下下帖沓至故準數成冊子呈上伏聞分付內逐等成帖案納上肰三等在京還印時等值冀州按事不日還第本院焉有四等成帖案乎假令本院有藏則禮吏所當有置任司焉敢誣實乎本院享禮下丁定行而供峯之庫子擧行之都色尚以保守存羊之禮莫可奈何玆以相率仰籲于慕賢鈴閤之下本院修正儒生下典案叓勿賜詶院隷特爲宥送千萬祈懇之至

答權 晳運

晩樹秋重纖雲雨收際垂存訊如護噴醒恭審燕養清健須極攢慰相珏向露一脚追悔無及而但失意處公山遊償之約已經歲年而只緣座下與閑使蘇子之客空偃壁厓眉翁之杖獨住孽岬實爲高懷缺處幸吐清詞以續嘉會枕泉遺稿多賴左右之編輯至於攷訂之托雖非其人而終難負相知之久要妥加點污使之新備一紙叓爲淨寫先書自家所著詩挽書札雜著及祭文而下附附錄書贈和詩挽祭家狀尾附小識如何不佞於此事實有惓惓之意故如是煩懇

答金 龍采

一枝梅信帶得新年消息喜不自勝謹審棣履益綏久竢車塵之際贈以草菌華潤可玩而虛坐可介餉以珍果甘軟可嘗而獨餌可歎相珏蒲柳賤質今當周甲秪抱孤露之感而相愛如兄尚釋一步其敢望海內笙交之羣公乎令嬌之鈌望必不下於老人之懷而能使其舅蛻却一身上嘗梁塵垢頓覺侈心自生吾兄甲日弟不必較率婦阿偕往執酌而祝曰天降純嘏俾爾遐壽云而似不及見故爲是大言呵呵耳

答金明彦

別已久矣信亦阻矣翹首南望恒用憧憧料外惠札因風吹到奉讀娓娓足以亞討矧伏審靜候平旺慰浣十分相珏南紱纔解西務來侵以人視之雖謂榮幸身上勞苦實難堪遣倘非吾兄誰能諒此情狀耶兄之示果肰矣不如止之非不知之辭祿之難果難於蹈刃趦趄未果何以則及身康健歸臥田園以由此生耶自念自嘆

冷中間疑是孔明家

挽金 俊祥

家住東西望眼開相思相見輒先來逢時握手源源誼到底論懷處處盃追拜已期千歲樂存亡豈忍一朝哀風儀隔矣吾安適執紼長號世念灰

與客問酒

客從詩老入山東快雪情懷任俠風問酒斜陽因下巷一般行色等賓鴻

挽朴 仁鎬

一夢光陰只五旬誰云天理壽於仁前灘月冷觀魚

石古菊塵生把酒茵萱室衰齡雙鬢雪蘭庭餘慶二枝春題詩掬淚寒宵立最惜荒山遠去辰

挽曺 漢國

崩城痛哭孀閨婦啣索哀號塋室兒千古荒原一去際傷心白首莫余追

挽成春若 在七

同居鄉里又交遊志篤情深好作儔到處論懷憐白首逢時把酒拭青眸蓬門事業詩書老塵世心期歲月流一別容音千古隔丹旌歸路故山秋

挽朴 致曄

慈仁愷悌一平生修正身心德可成文武尊榮追世蹟絃歌淸範繼家聲百年安樂居鄉里千古遨遊夢王京歸鶴啼鵑山月夕嗚呼執紼不堪情

書

與靑田李侯

相廷伏聞閤下到郡之日已過月餘爲民之禮卽當晉謁以聽下風然士之無事出入於官府實有古人所戒故因循趑趄但誦來暮之歌旋切悚惶伏惟辰下政體崇旺頌祝千萬竊觀閤下下車之初先次審查邑守令後孫忠孝烈後孫循例蠲減戶役此實扶

綱紀厚風俗之善政也閤下旣用意於扶綱厚風之上則其餘細細有如綱擧而目張也國初兵曹議諱士晟莅郡治民經數年且 宣祖壬辰南溪公諱應晛倡義殉節享古川祠皆相廷之先祖也閤下施政至於如是民家之蒙惠澤奚止於大寒後陽春蟄虫之聞春雷乎感佩之至莫知所以措躬而從當趍拜以謝仁化是計

與靑田李侯

伏以古川書院我先祖龍蛇倡義殉節妥靈之所也其爲 國貞忠宜蒙釋菜之禮而子孫零替百年未

隱菴半月

青蓮去後夏停危何必嵋山美昔時萬壑清光能擇勝數聯詞軸或收奇映來水面疑垂釣遥送山頭細畫眉通夕朱簾終不下分明圓體後宵期

閒中卽事

煖日尋芳石逕過花粧富貴畫仙娥潭心欲活遊魚浪春意小閒亂鳥柯早晏窓開迎客話醉醒盃入喚詩歌數村涔寂爭香處一二黃鷄唱午阿

登華山

磧溪湲處又寒泉自是留行不俗緣磨石清波如鏡

面依山低屋若干椽崕巖危立千年佛繡嶽添奇半日烟若使畫工摸此景詩人不愛十千錢

次里隱亭韻

隱以名之顯以亭成時不欲籍村丁眞工做得三餘業實地無驚百里霆積世家謨遺草稿一生春事雜花庭自身閒處中心樂慣識陰陽不暫停

元朝

慶賀佳晨坐草廬添年戒我十分書歌升治化昇平日夢入農談異兆魚歲首鷄聲鳴送後人間春意做來初協和地度今如古拜說無非壽域居

和耕讀窩韻

家在僻村志守眞主人窩號箇中新斷爲耒耟當農父藏得詩書做業民上下坪從長沮伴古今文閱伏生倫兒曹莫捲豳風誦稼穡方能不食貧

和吐谷看泉齋韻

白水翁留卜此泉文明日月仰先天風淸谷谷林林鬱雨濕山山澗澗湲琢是玉工章欲裏斅惟學半幅何邊爲明已設香樽酒開闔柴門任自便

臘雪

歲因臘白富人家元日休徵報孔嘉天地積瑩凝物

產江山如畫錯紋紗風寒高駕芽簷顚雲埋行蹤石逕斜拜壽村童爭話雪占豊消息夢魚耶

除夜

占歲休徵自是長一般心事聽鷄人可憐孤燭將終夜燃送三冬影子春

書齋夜詠

隔崗芧齋剪燭明香爐燃竹篆烟生書窓月印精神倍夜氣清寒散入聲

詠雪

拚雲眩亂逐風斜碎玉天街忽地花暴積山村人語

過興海烏島

誰爲酌海我疑孤萬里長波一槳烏風射酸眸時日暮何人採藿抹吾駒

登詠歸亭

營室正南卜此亭江山文藻滿中庭雩壇服色風前白沂水襟期浴後青近柳友鶯啼羽拂晩樑客燕賀言聽詠歸眞味人知否閒坐高堂老我齡

謹次圃隱先生明遠樓韻

石溪鳴玉抱樓回碁點羣山次第開官柳風黃流烏語芳洲閒事白鷗來韻餘後學吟遊日詩刻諸賢醉

去盃惟有蓮花遺賜月儼臨精爽共徘徊

松亭

琴書其架枕其泉大可爲樑小可椽夜入踈簾迎皓月爐當落葉送青烟野人農話沈筵上山屋砧聲到戶邊灑頂微風因惹興呼兒酤酒費囊錢

次東都養武堂老松韻

不怕風霜不怕人幾年城市耐囂塵堅圍赤甲經綸物周密蒼髯偃蹇身撐立雲空知歲久秀長雪裏養精新始憐守武貞忠節獨任東都舊日春

次青田李侯鶴來緬禮韻

海山龍氣宅暘隅留待仁人五馬踰文化赤城傾一域禮襄黃院賀千夫古經傳授思無匱吾黨依歸德不孤再兆玄和冥佑地雲仍繼世展亨途

有客訪余袖出數聯詩

清詩喚客意中人扣我山門不染塵眞是許琴彈俠地丁寧徐榻下來身風遙夜入談情久月半庭回眷性新最有閒窓難寫景千家松火五更春

釜巖四景

釜巖歸雲

繞半踈松翠欲春捲歸一幅忽三隣却看這氣生山

腹能識其心遯世人含兩分明龍造化忽機疑是鶴精神微風鞭去峯猶在珍重一巖色更新

庫峯濟世

偃蹇烟霞攝一峯天倉星運降眞容富料巖鎖千秋鑰計活聲傳百室春全體並隣青嶂列影形長在白雲封精靈不欲貧寒意將使吾人慰滿農

鼎谷茶火

炊來白火鍊之丹養攝神方古史看花欲燃山形錯亂烟將染石畫猶難緣何三德呈神漢恨不兩專勇退韓氣像非徒饘粥具送仙娥使奉金盤

松坡遺集卷之一

詩

松亭四景

大楡寒泉

吟來山水耀如圖肥土甘泉溢大途客得此流流不
盡前邠作雨我民蘇

德巖細雨

狀是德成聳一巖有風往往自東南春山如畫知時
雨霽後須看碧似藍

下村大槐

大業誰知卜此槐多年待運洞中栽吾人濟濟遊於
此樹影何如勝池臺

外洞雲山

地分涯角一村間老少尋芳共對顏誰識林泉閒意
味靑雲一別隔靑山

次古川院陞號韻

殉國高名院宇新臨皐東畔古川濱十賢同卓春秋
夕追慕諸孫各守眞

晩春

邂逅故人坐洞亭香醪滿酌不須停偸精詩律逢知
已睹興碁聲落在丁月引曉鍾催漏箭風鞭巖角掃
花庭道路脩遙難再見天何百里有雷霆

蘆田柳亭逢淸道金友

柳立蘆田挽客行山禽啼下野鷄聲飛笳淸鏡看何
晩衛鵲無神老病情

麻助嶺

艱關麻助向峯巒一路長斜十里間爲問前山山不
語聾人疑亦盡聾山

早發泉味

經營此步幾年圖遙望海門遠市都短杖芒鞋前路
近何嫌走馬且生瘏

翌日至虎村

步涉虎村識面初論文把酒舊交如滿盤佳膾同氷
雪直出囊錢試問魚

隱口狀杏亭店

同行十里姓千人以指指居耳不隣一席酬盃兼有
餠達城何日更相親

大谷訪金友壻

曲溪中有又溪山半掩竹扉屋數間視我如親誰以
愛欣然開笑立承顏

聾瞽堂記
通文
大追書堂刱設時通士林文
大追書堂重修時通士林文
松亭書堂刱設時通士林文
祝文
古塚同域告由文
大追洞祭文
雲山洞祭文
敏道洞始設祝文
家宅開基祝文

祭文
祭金公 駿祥 文
祭族兄 鍾遇 文
祭再從兄 相禹 文
祭外舅金公 悌相 文
祭李文玉 翰杓 文
祭金公 在圭 文
祭姑夫李公 裕仁 文
祭外舅鄭公 致運 文
祭從父府君 星昊 文
祭外姑金氏文
祭金 範采 文
祭成熙如 韓運 文
祭鄭增 來禧 文
祭李佐郎 德玄 文
祭韓戚長 輔相 文
祭姊夫曺公 啓斗 文
哭亡女金室文
卷之二

附錄
挽詞
祭文
行狀
墓碣銘
墓誌銘
遺事
松坡遺集目錄

次東都養武堂老松韻
次青田李侯 鶴來 緬禮韻
有客訪余袖出數聯詩
釜巖四景
釜巖歸雲
庫峯濟世
鼎谷茶火
隱巖半月
閒中即事
登華山

次里隱亭韻
元朝
和耕讀窩韻
和吐谷省泉齋韻
臘雪
除夜
書齋夜詠
咏雪
挽金 俊祥
與客問酒

挽朴 仁鎬
挽曺 漢國
挽成春若 在七
挽朴 致曄
書
與青田李侯
與青田李侯
答權 哲運
答金 龍采
答金明彥

答趙 師吉
答李 元喆
雜著
戰藝說
戲說
序
送友東京序
五會契序
記
聾窩記

者矣嗚乎着力於爲己之學幾反窺班於前賢而程文本非雅意中年以榮親之心因出科試之場于時關節不公竟未遂意蹭蹬以歸牢閉衡門抱經潛伏若將終身焉而與遠近才子隨才教督爲三樂之一而薫其德而成就者至屈指數焉噫鳴皐之鶴聲遠于天終老於蓬蓽之下一處士於公爲學之道雖無輕重而爲世教慨惜不已者矣若夫公之存養之工造詣之深多士之停評審矣膚淺之言不必贅焉而畧書所感於中以塞孝孫之責也已

昭陽單閼小春下澣宗下生晋琇謹撰

松坡遺集目錄

卷之一

詩

松亭四景
大榆寒泉
德巖細雨
下村大槐
外洞雲山
次古川院陞號韻
晩春
蘆田柳亭逢清道金友
麻助嶺
早發泉味
翌日至虎村
隱口洑杏亭店
大谷訪金友壻
過興海烏島
登詠歸亭
謹次圃隱先生明遠樓韻
松亭

松坡遺集序

此故松坡處士孫公咳唾之遺文也盖公生於南溪先生忠義之世以淸修簡古之姿兼謹愼廉退之志早歲受學于家庭而纔到成童藻詞驟達往往有前茅於同列之稱嘗以榮親之意用力於公車文字累中鄕解而竟不利於南省且觀關節之公行而乃慨然回頭於古人爲己之學不求名利上以承述先祖之遺蹟下以修睦宗族訓迪後生與坊里同志創建大追書堂購貯經籍營殖資斧以爲來學肄業之具日處其中教誨不倦遠近笭箵之來學者日以盈門

一坊之內凝然有烏陵之遺化焉公每當佳辰令節與意中士友徜徉嘯咏於雲林佳麗之間輒寫其悰慨拂鬱之懷有或聞族親知舊之喪則挽以悲其志誄以述其行只務內修不事宏麗間有著述不許蓄稿以是今其肖孫秀洛秀殷之勤申收摭巾箱者只不過若干号而已雖甚零星然尺錦知七襄之美則使後之善讀者讀之可以知公之全也後孫等與及門後承將付石印以圖不朽秀殷君造余大東田舍而請要玄晏之役兼求卷端之文辭之固而有終不能噤者乃庸書蕪語如此云爾

黃鷄婁夏上浣全州李起轍序

夫通萬古而不磨者道也擬百年而不朽者文也文與道相須而爲體用道有否泰文有顯晦古之君子以否顯爲出處之龜鑑而蘊之於身而不得施之於世則述其前言往行傳於後世此文集之所由起也前修者之所傳後學者之所受莫非斯文上一副當責任所在矣猗歟盛哉永之爲郡山明水麗雄於南國自古名賢達士比肩接武而起抑亦地靈之所鍾歟溯古思今若我松坡公趍向之正文學之富盖前賢餘教中所自來矣魯無君子斯焉取斯孰謂醴泉

無源而靈芝無根乎昔從鄕父老後曾有所聞而恨不得質疑於燕申講明之筵矣日公之胄孫秀殷甫袖其先祖考遺文訪余於龜城僑居要其丁乙繼而請弁首之文自顧殘殘老悖猶愧學之未能而况强其所不知而靦顏受之乎然而公之遺文得見於未死之前而輸其前日慕仰之願則斯亦幸矣而其於吳中之誼亦有所恝然而難辭者也謹受而讀之公之終始盖想推及而其書札侑文中文句未瑩者倘或傳寫者之誤歟就其本文消息之而若其微辭奧旨未知出處者依舊姑存不敢刪整而俟夫後之知

國譯 松坡遺集

제3부 부록

제1절

송파유집 한자원본